ALFRED HITCHCOCK

DO YOU WANT TO SLAY WITH ME ?

VOULEZ-VOUS TUER AVEC MOI ?

Jack Ritchie • Henry Slesar •
Lawrence Block • Robert Colby •
Richard O. Lewis

Enregistrement sur cassette

Choix, traduction et notes par Michel MARCHETEAU
Agrégé de l'Université

PRESSES POCKET

Les langues pour tous
Collection dirigée par Jean-Pierre Berman,
Michel Marcheteau et Michel Savio

Série Initiation en 40 leçons
Série Perfectionnement
Série Score (100 tests d'autoévaluation)
Série économique et commerciale
Série Dictionnaires (Garnier)
Série « Ouvrages de référence »
Série "Bilingue" :
    Nouvelles GB/US d'aujourd'hui (I et II)
    Conan Doyle : Sherlock Holmes enquête (I et II)
    Oscar Wilde : Il importe d'être constant
    D.H. Lawrence : Nouvelles
    Somerset Maugham : Nouvelles
    Hugo Claus : Le Chagrin des Belges (extraits)
    Rudyard Kipling : Le Livre de la Jungle (extraits)
    Nouvelles allemandes d'aujourd'hui
    Récits allemands contemporains
    Nouvelles portugaises d'aujourd'hui
    Nouvelles russes classiques
    Nouvelles espagnoles contemporaines
    Nouvelles hispano-américaines (I et II)
    Les grands maîtres de l'insolite
    Katherine Mansfield : L'Aloès
    Patricia Highsmith : Nouvelles
    L'Amérique d'aujourd'hui à travers sa presse

Sommaire

- Comment utiliser la série « Bilingue » ? 5
- Principales abréviations 6
- Introduction................................. 7

 # 8 — Le numéro 8 *(Jack Ritchie)* 9
   Révisions 20

The day of the execution — Le soir de l'exécution
(Henry Slesar)................................. 21
   Révisions 48

Good for the soul — Pour la paix de l'âme *(Lawrence Block)*.. 49
   Révisions 98

Another way out — Vol nuptial *(Robert Colby)* 99
   Révisions 162

Ego boost — Bon pour le moral *(Richard O. Lewis)* . 163
   Révisions 184

●● Enregistrement sonore - Conseils d'utilisation . 185

— Idiomes et expressions utiles 209

— Filmographie d'Alfred Hitchcock............... 215

Michel MARCHETEAU, agrégé d'anglais, enseigne à l'École Supérieure de Commerce de Paris. Il est également conseiller linguistique au CELSA (Paris IV). Co-auteur de plusieurs ouvrages d'anglais commercial et économique et de méthodes audio-orales, il s'intéresse tout particulièrement à la diffusion des langues dans le grand public.
Il est, avec J.-P. Berman et Michel Savio, co-directeur de la collection « Les langues pour tous ».

J. Ritchie :	#8. © 1958, H.S.D. Publications Inc.
H. Slesar :	The day of the execution. © 1959, H.S.D. Publications Inc.
L. Block :	Good for the soul. © 1963, H.S.D. Publications Inc.
R. Colby :	Another way out. © 1972, H.S.D. Publications Inc.
R.O. Lewis :	Ego boost. © 1975, H.S.D. Publications Inc.

© Presses Pocket, 1987 pour les traductions, notes et présentations

ISBN : 2 - 277 - 02002 - 1

Comment utiliser la série « Bilingue » ?

Cet ouvrage de la série « Bilingue » permet aux lecteurs :
• d'avoir accès aux versions originales de nouvelles choisies par Alfred Hitchcock, et d'en apprécier, dans les détails, la forme et le fond.
• d'améliorer leur connaissance de l'anglais, en particulier dans le domaine du vocabulaire dont l'acquisition est facilitée par l'intérêt même du récit, et le fait que mots et expressions apparaissent en situation dans un contexte, ce qui aide à bien cerner leur sens.
Cette série constitue donc une véritable méthode d'auto-enseignement, dont le contenu est le suivant :
• page de gauche, le texte en anglais ;
• page de droite, la traduction française ;
• bas des pages de gauche et de droite, une série de notes explicatives (vocabulaire, grammaire, rappels historiques, etc.).
Les notes de bas de page et la liste récapitulative à la fin de l'ouvrage aident le lecteur à distinguer les mots et expressions idiomatiques d'un usage courant et qu'il lui faut mémoriser, de ce qui peut être trop exclusivement lié aux événements et à l'art de l'auteur.
A la fin de chaque nouvelle une page de révision offre au lecteur une série de phrases types, inspirées du texte, et accompagnées de leur traduction. Il faut s'efforcer de les mémoriser.
Il est conseillé au lecteur de lire d'abord l'anglais, de se reporter aux notes et de ne passer qu'ensuite à la traduction ; sauf, bien entendu, s'il éprouve de trop grandes difficultés à suivre le texte dans ses détails, auquel cas il lui faut se concentrer davantage sur la traduction, pour revenir finalement au texte anglais, en s'assurant bien qu'il en a maintenant maîtrisé le sens.
●● Un enregistrement sur cassette (une cassette de 60 mn) d'extraits de chaque nouvelle complète cet ouvrage. Chaque extrait est suivi de questions et de réponses qui permettent de contrôler et de développer la compréhension auditive.

Prononciation

Elle est donnée dans la nouvelle transcription — Alphabet Phonétique International modifié — adoptée par A.C. GIMSON dans la 14ᵉ édition de l'*English Pronouncing Dictionary* de Daniel JONES (Dent, London).

Sons voyelles

[iː] comme dans SEAT
[ɪ] comme dans SIT
[e] comme dans BED
[æ] comme dans CAT
[ɑː] comme dans FATHER
[ɒ] comme dans NOT
[ɔː] comme dans DOOR
[ʊ] comme dans PUT
[uː] comme dans MOON
[ʌ] comme dans DUCK
[ɜː] comme dans BIRD
[ə] comme dans DOCTOR

Diphtongues

[eɪ] comme dans DAY
[əʊ] comme dans BOAT
[aɪ] comme dans MY
[aʊ] comme dans NOW
[ɔɪ] comme dans BOY
[ɪə] comme dans HERE
[eə] comme dans THERE
[ʊə] comme dans POOR

Sons consonnes

[p] comme dans POT
[b] comme dans BOY
[t] comme dans TEA
[d] comme dans DOWN
[k] comme dans CAKE
[g] comme dans GIRL
[tʃ] comme dans CHILD
[dʒ] comme dans JOY
[f] comme dans FAT
[v] comme dans VERY
[θ] comme dans THICK
[ð] comme dans THIS

[s] comme dans SEE
[z] comme dans EASY
[ʃ] comme dans SURE
[ʒ] comme dans PLEASURE
[h] comme dans HOT
[m] comme dans MOTHER
[n] comme dans NOW
[ŋ] comme dans THING
[l] comme dans LOVE
[r] comme dans RICH

Semi-consonnes
[j] comme dans YES
[w] comme dans WITH

Accentuation

' - accent unique ou principal, comme dans MOTHER ['mʌðə]
, - accent secondaire, comme dans PHOTOGRAPHIC [ˌfəʊtə'græfɪk]

Principaux signes et abréviations utilisés dans les notes

⚠	attention	pron.	prononciation
▲	faux ami	qqch.	quelque chose
cf.	confer	qqn.	quelqu'un
fam.	familier	U.S.	américain
G.B.	anglais	sbd	somebody
m. à m.	mot à mot	sth	something

INTRODUCTION

Les nouvelles qui suivent, sélectionnées par Alfred Hitchcock, sont bien dans la tradition du « maître du suspense ».

On y trouve des variations sur le thème hitchcockien par excellence du faux coupable (« Le soir de l'exécution » et, au second degré, « Pour la paix de l'âme »), la description d'états névrotiques confinant à la folie, et ce goût pour les études psychologiques et psychiatriques (« Le n° 8 », « Pour la paix de l'âme », « Bon pour le moral ») qui constitue une des dominantes de l'œuvre du cinéaste.

Sont également présents l'intérêt pour les enquêtes menées par la police ou par des citoyens ordinaires, les scènes de tribunal et plus généralement les rapports entre l'individu et la loi. Sans oublier ce climat d'angoisse et de « mort qui rôde » qui imprègne tant de films de Hitchcock.

Les nouvelles présentées ici se terminent toutes par des retournements de situation typiques de l'art du récit et de l'humour macabre de celui qui déclarait : « Il paraît qu'il se commet un crime par minute. Aussi ne vous retiendrai-je pas plus longtemps : je sais qu'il vous tarde de reprendre votre travail... »

Souhaitons aussi bon travail — dans un tout autre domaine ! — aux lecteurs désireux d'améliorer leur anglais et qui trouveront dans ce volume une langue moderne, concrète et idiomatique : l'américain d'aujourd'hui.

JACK RITCHIE

8

Le numéro 8

I was doing about eighty[1], but the long, flat road made it feel only half that fast[2].

The redheaded kid's eyes were bright and a little wild as he listened to the car radio. When the news bulletin was over, he turned down the volume.

He wiped the side of his mouth with his hand. "So far they found seven of his victims."

I nodded[3]. "I was listening[4]." I took one hand off the wheel and rubbed the back of my neck[5], trying to work out[6] some of the tightness[7].

He watched me and his grin[8] was half-sly[9]. "You nervous[10] about something?"

My eyes flicked[11] in his direction. "No. Why should I be[12]?"

The kid kept smiling. "The police got all the roads blocked for fifty miles around Edmonton."

"I heard that, too."

The kid almost giggled. "He's too smart for them[13]."

I glanced at the zipper[14] bag he held on his lap. "Going far?"

He shrugged. "I don't know."

The kid was a little shorter than average and he had a slight build[15]. He looked about seventeen, but he was the baby-face type and could have been five years older.

He rubbed his palms on his slacks[16]. "Did you ever wonder what made him do it?"

---

1. **eighty**: eighty miles an hour. 1 mile = 1,609 km. 80 miles : 128,72 km.
2. **half that fast**: m. à m. : *à moitié aussi vite.* **That** devant adj. : *à ce point.* Ex. : I didn't know he was that old, *je ne savais pas qu'il était si vieux.*
3. **to nod**: *opiner, mouvoir la tête de bas en haut pour acquiescer.* Indique l'approbation, alors que **to shake**, mouvement latéral, indique la désapprobation.
4. **I was listening**: m. à m. : *j'écoutais.*
5. **the back of my neck**: se dit aussi **the nape of the neck**.
6. **to work out**: c'est la postposition **out** qui porte le sens principal, **work** indiquant l'effort nécessaire.
7. **tightness**: nom formé sur l'adj. **tight**, *tendu, serré, raide*.
8. **grin**: *grimace, rictus,* mais aussi *large sourire, sourire épanoui ;* verbe : **to grin**.

Je faisais à peu près du 120, mais la route était si plate et si droite qu'on avait l'impression de rouler deux fois moins vite.

Les yeux du rouquin brillaient d'une légère excitation tandis qu'il écoutait la radio de la voiture. A la fin du bulletin d'information, il réduisit le volume.

Il se passa une main sur le coin de la bouche. « Jusqu'ici ils ont trouvé sept de ses victimes. »

J'acquiesçai. « J'ai entendu. » Je lâchais le volant d'une main et me massais la nuque, pour essayer d'en chasser la raideur.

Il me regardait avec un sourire à demi narquois. « Quelque chose qui vous tracasse ? »

Mon regard glissa vers lui. « Non. Pourquoi ? Ça devrait ? »

Le gars continuait à sourire. « La police a établi des barrages sur toutes les routes dans un rayon de 75 km autour d'Edmonton. »

« J'ai entendu ça aussi. »

Le gars ricana presque. « Il est trop malin pour eux. »

Je jetai un œil au sac de voyage qu'il avait sur les genoux. « Z'allez loin ? »

Il haussa les épaules. « Je ne sais pas. »

Le gars était un peu plus petit que la moyenne et il était plutôt frêle. On lui donnait environ 17 ans, mais c'était un de ces types à tête de gamin et il aurait pu avoir cinq ans de plus.

Il se frotta les paumes sur son pantalon de toile.

« Est-ce que vous vous êtes jamais demandé pourquoi il faisait ça ? »

---

9. **sly** : *rusé, malin, retors, sournois.*
10. **you nervous** : familier pour **are you nervous** ?
11. **to flick** : indique un mouvement léger et soudain, ou un changement de direction. **He flicked the ashes from his cigarette,** *il fit tomber la cendre de sa cigarette ;* **a bird flicked across the road,** *un oiseau traversa soudain la route.*
12. **why should I be** : m. à m. : *pourquoi devrais-je l'être ?*
13. **them** : reprend **police**, considéré comme pluriel.
14. **zipper** : *fermeture Éclair.*
15. **build** (nom correspondant au verbe **to build, I built, built**) : *taille, carrure, corpulence, ossature.*
16. **slacks** : *pantalons de toile* (beaucoup moins serrés que des jeans : l'adjectif **slack** signifie *peu serré, détendu*).

I kept my eyes on the road. "No."

He licked[1] his lips. "Maybe he got pushed[2] too far. All his life somebody always pushed him. Somebody was always there to tell him what to do and what not to do. He got pushed once too often[3]."

The kid stared ahead. "He exploded. A guy can take just so much[4]. Then something's got to give[5]."

I eased my foot on the accelerator.

He looked at me. "What are you slowing down for[6]?"

"Low on gas[7]," I said. "The station ahead is the first I've seen[8] in the last forty miles. It might be another forty before I see another."

I turned off the road and pulled to a stop next to the three pumps. An elderly man came around to the driver's side of the car.

"Fill the tank[9]," I said. "And check the oil."

The kid studied the gas station. It was a small building, the only structure in the ocean of wheat[10] fields. The windows were grimy[11] with dust.

I could just make out a wall phone inside.

The kid jiggled[12] one foot. "That old man takes a long time. I don't like waiting." He watched him lift the hood[13] to check the oil. "Why does anybody that old want to live? He'd be better off[14] dead."

I lit a cigarette. "He wouldn't agree with you."

---

1. **to lick**: *lécher*.
2. **pushed**: m. à m. : *peut-être a-t-il été poussé trop loin* ; to push sbd too far, *pousser qqn à bout*.
3. **once too often**: m. à m. : *une fois de trop*.
4. **a guy can take just so much**: m. à m. : *un type peut supporter seulement une certaine quantité*.
5. **to give**: *céder, fléchir* (pour un objet). Pour une personne : to give in, to give up, to yield.
6. **what are you slowing down for?** notez le rejet de la préposition à la fin de la phrase.
7. **gas**: abréviation de **gasoline**. En anglais britannique, *essence* : **petrol**. Le français *pétrole* se traduit par **oil**.
8. **I've seen**: **present perfect** pour une action commencée dans le passé et qui continue au moment présent.
9. **fill the tank**: m. à m. : *remplissez le réservoir*.
10. **wheat**: *blé, froment*. ∆ **corn** (G.B.), *blé* ; (U.S.) *maïs*.

Je gardais les yeux sur la route. « Non. » Il se passa la langue sur les lèvres.

« Peut-être qu'on lui en a trop fait baver. Toute sa vie il a eu quelqu'un sur le dos. Il y avait toujours quelqu'un pour lui dire ce qu'il fallait faire et ne pas faire. On a dû le pousser à bout. »

Le gars regardait droit devant lui.

« Il a craqué. Il y a des limites à ce qu'un type peut supporter. Alors il faut que quelque chose cède. »

Je soulevai mon pied de l'accélérateur. Il se tourna vers moi. « Pourquoi ralentissez-vous ? »

« Plus beaucoup d'essence », répondis-je. « La station devant nous est la première que je vois depuis 60 km. La prochaine est peut-être à 60 km elle aussi. »

Je quittai la route et m'arrêtai devant les trois pompes. Un homme d'un certain âge contourna la voiture pour venir de mon côté.

« Faites le plein », dis-je, « et vérifiez l'huile. »

Mon passager examinait la station-service. C'était un petit bâtiment, la seule construction au milieu d'un océan de champs de blé. Les fenêtres étaient rendues opaques par la poussière. Je parvins juste à distinguer un téléphone mural à l'intérieur.

Le petit gars agita un pied.

« Il en met un temps le vieux. J'aime pas attendre. »

Il le regardait soulever le capot pour vérifier l'huile. « Pourquoi quelqu'un d'aussi vieux veut-il continuer à vivre ? Il serait bien mieux mort. »

J'allumai une cigarette. « Il ne serait pas d'accord avec vous. »

---

11. **grimy** : *sale, noirci, crasseux* ; de **grime**, *saleté, crasse*.
12. **to jiggle** : *remuer par saccades, petites secousses*.
13. **hood** : ∆ signifie *capot* en anglais U.S., mais *capote* (de voiture décapotable) en anglais G.B. ; **capot** (G.B.) : **bonnet** ; *capote* (U.S.) : **(folding) top**.
14. **better off** : *mieux, dans de meilleures conditions* ; contraire : **worse off**. He is worse off, *sa situation a empiré, il est plus mal loti*. **To be well off** : *être riche, dans l'aisance, prospère*.

The kid's eyes went back to the filling station. He grinned. "There's a phone in there. You want to call anybody ?"

I exhaled a puff of cigarette smoke. "No."

When the old man came back with my change[1], the kid leaned toward the window. "You got[2] a radio, mister[3] ?"

The old man shook[4] his head. "No. I like things quiet."

The kid grinned. "You got the right idea[5], mister. When things are quiet, you live longer."

Out on the road, I brought the speed back up to eighty.

The kid[6] was quiet for a while, and then he said, "It took guts[7] to kill seven people. Did you ever hold a gun[8] in your hand ?"

"I guess[9] almost everybody has."

His teeth showed through twitching[10] lips. "Did you ever point it at anybody ?"

I glanced at him.

His eyes were bright. "It's good to have people afraid of you," he said. "You're not short any more when you got a gun."

"No," I said. "You're not a runt[11] any more."

He flushed[12] slightly.

"You're the tallest man in the world[13]," I said. "As long as nobody else has a gun, too."

"It takes a lot of guts to kill," the kid said again. "Most people don't know that."

---

1. **change** : ∆ à la prononciation de ce nom et du verbe to change [tʃeindʒ]. C'est le son [ei] de **name** (diphtongue) et non le [e] de **pen**.
2. **you got a radio** : familier pour **have you got a radio** ?
3. **mister** : familier et même vulgaire. La forme polie est Sir. Mister ne s'écrit en toutes lettres que pour indiquer cet emploi populaire. Autrement, devant un nom ou un prénom (dans une adresse, etc.), on l'abrège toujours en **Mr**.
4. **shook his head** : indique la dénégation, par opposition à **to nod** (voir plus haut).
5. **you got the right idea** : you have got...
6. **the kid** : traduit par *le rouquin* pour éviter la répétition systématique de « *petit gars* ».

Le regard du petit gars revint à la station-service. Il grimaça un sourire. « Il y a un téléphone à l'intérieur. Vous voulez appeler quelqu'un ? »

J'exhalai une bouffée de fumée de cigarette. « Non. »

Quand le vieux revint avec sa monnaie, le petit gars se pencha à la portière. « Vous avez la radio, M'sieur ? »

Le vieil homme secoua la tête. « Non, j'aime la tranquillité. »

Le petit gars grimaça. « Vous n'avez pas tort, M'sieur. Quand tout est tranquille, on vit plus vieux. »

Je repris la route et remontai à 120 à l'heure.

Le rouquin resta silencieux pendant un moment, puis déclara : « Il lui a fallu du cran pour tuer sept personnes. Avez-vous jamais eu une arme à feu à la main ? »

« Je crois que c'est le cas de tout le monde. »

Le frémissement de ses lèvres dévoila ses dents. « En avez-vous jamais menacé quelqu'un ? »

Mon regard se porta sur lui.

Ses yeux brillaient. « C'est bon de faire peur aux gens », dit-il. « Avec une arme à feu on ne se sent plus petit. »

« Non, dis-je. On n'est plus un nabot. »

Il rougit légèrement.

« Vous devenez l'homme le plus grand du monde », dis-je. « Tant que personne d'autre n'a un flingue. »

« Il faut un sacré cran pour tuer », dit à nouveau le rouquin. « La plupart des gens ne le réalisent pas. »

---

7. **guts** : *les tripes* ; d'où, en langue familière, *le courage*.
8. **gun** : *arme à feu, revolver* ou *fusil*.
9. **to guess** : *deviner*, mais aussi *penser que, croire que*, etc. **I guess almost everybody has** : I guess almost everybody has held a gun.
10. **to twitch** : *se contracter, se crisper*.
11. **runt** : *nain, nabot, avorton*. Terme de mépris. A l'origine, **runt** signifie le plus petit animal d'une portée.
12. **to flush** : synonyme de **to blush** : signifie aussi *jaillir, faire jaillir* (liquide).
13. **in the world** : emploi de **in** pour indiquer le lieu après un superlatif. **The largest in the area**, *le plus grand de la région* ; **the best in town**, *le meilleur de la ville*.

"One of those killed was a boy of five," I said. "You got anything [1] to say about that ?"

He licked his lips. "It could have been an accident."

I shook my head. "Nobody's going to think that."

His eyes seemed uncertain for a moment [2]. "Why do you think he'd kill [3] a kid ?"

I shrugged. "That would be hard to say [4]. He killed one person and then another and then another. Maybe after awhile [5] it didn't make any difference to him what they were. Men, women, or children. They were all the same."

The kid nodded. "You can develop a taste for [6] killing. It's not too hard. After the first few [7], it doesn't matter. You get [8] to like it."

He was silent for another five minutes [9]. "They'll never get him. He's too smart for that [10]."

I took my eyes off the road for a few moments. "How do you figure [11] that ? The whole country's looking for him. Everybody knows what he looks like."

The kid lifted both his thin [12] shoulders. "Maybe he doesn't care. He did what he had to do. People will know he's a big man [13] now."

We covered a mile without a word and then he shifted [14] in his seat. "You heard his description over the radio [15] ?"

"Sure," I said. "For the last week."

---

1. **you got anything :** familier pour **have you got anything**...
2. **moment :** traduit par *instant,* car en général plus bref que le français moment. **Just a moment,** *juste un instant.*
3. **he'd kill : he would kill** m. à m. : *pourquoi pensez-vous qu'il tuerait un enfant ?*
4. **that would be hard to say :** m. à m. : *ce serait difficile à dire.*
5. **after awhile :** after a while, *au bout d'un certain temps.* Confusion fréquente entre l'adverbe **awhile**, *pendant quelque temps,* et le nom **a while**, *un moment, un espace de temps.* Pour les puristes, après une préposition, on doit écrire **a while**.
6. **a taste for killing :** notez l'emploi de l'article indéfini **a** ; cf. **to have a sense of humour,** *avoir le sens de l'humour.*
7. **first few :** m. à m. : *après les quelques premiers.* Cf. **in the last few days,** *au cours des derniers jours ;* **in the next few weeks,** *au cours des prochaines semaines.*

« Une des victimes était un garçon de 5 ans », remarquai-je. « Qu'est-ce que vous en dites ? »

Il se passa la langue sur les lèvres. « Peut-être que c'était un accident. »

Je secouai la tête. « Personne ne va croire ça. »

Son regard sembla incertain pendant un instant. « Voyez-vous une raison pour qu'il tue un enfant ? »

Je haussai les épaules. « C'est difficile à dire. Il a tué quelqu'un et puis quelqu'un d'autre, et encore quelqu'un. Peut-être qu'une fois qu'il y était ça ne changeait rien pour lui de savoir qui ils étaient, hommes, femmes ou enfants. C'était du pareil au même. »

Le rouquin opina. « On peut acquérir le goût de tuer. Ce n'est pas trop difficile. Après les premiers, ça n'a plus d'importance. On se met à aimer ça. »

Il se tut à nouveau pendant cinq minutes.

« Ils ne l'auront jamais. Il est bien trop malin. »

Je détachai mes yeux de la route pendant quelques instants. « Comment fera-t-il, d'après vous ? Le pays entier le recherche. Tout le monde sait à quoi il ressemble. »

Le rouquin haussa ses maigres épaules. « Peut-être qu'il s'en fiche. Il a fait ce qu'il devait faire. Les gens sauront que c'est un grand bonhomme maintenant. »

Nous parcourûmes 2 km sans un mot et soudain il s'agita sur son siège. « Vous avez entendu la description à la radio ? »

« Bien sûr », répondis-je. « Toute la semaine. »

---

8. **you get to like it :** **you** a ici une valeur générale, d'où traduction par *on*. **Get** donne ici l'idée d'un aboutissement *(en arriver à, finir par)*.

9. **another five minutes :** **another** s'emploie en principe devant un singulier. Mais l'accord se fait ici selon le sens : une autre période de 5 minutes.

10. **for that :** *pour cela.* **That** renvoie à ce qui précède, alors que **this** annonce ce qui suit.

11. **How do you figure that ?** m. à m. : *Comment vous figurez-vous ça ?* **To figure :** *(s') imaginer, estimer, escompter.*

12. **thin :** *mince, fin, maigre.*

13. **big :** *grand* (propre et figuré). Le rouquin est à la fois obsédé par sa petite taille et avide de notoriété.

14. **to shift :** *changer, bouger, déplacer.*

15. **over the radio :** aussi **on the radio**. De même **on** ou **over the telephone,** *au téléphone.*

He looked at me curiously. "And you weren't afraid to pick me up [1]?" "No."

His smile was still sly. "You got nerves of steel?"

I shook my [2] head. "No. I can be scared [3] when I have to, all right [4]."

He kept his eyes on me. "I fit the description perfectly."

"That's right."

The road stretched ahead of us and on both sides there was nothing but the flat plain [5]. Not a house. Not a tree.

The kid giggled [6]. "I look just like the killer. Everybody's scared of me. I like that."

"I hope you had fun," I said [7].

"I been picked up [8] by the cops three times on this road in the last two days [9]. I get as much publicity as the killer."

"I know," I said. "And I think you'll get more [10]. I thought I'd find you somewhere on this highway [11]."

I slowed down the car. "How about me? Don't I fit the description, too?"

The kid almost sneered [12]. "No. You got brown hair. His is red [13]. Like mine."

I smiled. "But I could have dyed it."

The kid's eyes got wide when he knew what was going to happen.

He was going to be number eight.

---

1. **to pick me up :** le rouquin faisait de l'auto-stop (to hitch hike, to hitch a ride).
2. **my head :** notez l'emploi de l'adj. possessif. Cf. he had his pipe in his mouth, *il avait la pipe à la bouche*.
3. **to scare :** *faire peur, effrayer, épouvanter*.
4. **all right :** souvent employé pour confirmer : *de fait, c'est sûr, c'est un fait*.
5. **there was nothing but the flat plain :** m. à m. : *il n'y avait rien que la plaine plate*.
6. **to giggle :** *glousser de rire*. A souvent une connotation féminine.
7. **I said :** n'a pas été traduit pour éviter une répétition supplémentaire de *dis-je*. Ce problème ne se pose pas en anglais, où la répétition n'est pas un critère de style.

Il me regarda avec curiosité. « Et vous n'avez pas eu peur de me prendre ? » « Non. »

Son sourire était toujours narquois. « Vous avez des nerfs d'acier ? »

Je secouai la tête. « Non. Il m'arrive d'être effrayé quand il y a vraiment de quoi. »

Il continua à me fixer. « Je corresponds exactement à la description. »

« C'est vrai. »

La route filait droit devant nous, au milieu d'une plaine entièrement plate. Pas une maison, pas un arbre.

Le rouquin ricana. « J'ai exactement le physique de l'assassin. Tout le monde a peur de moi. Ça me plaît. »

« J'espère que tu t'es bien amusé. »

« J'ai été ramassé trois fois par les flics sur cette route au cours des deux derniers jours. Je suis aussi connu que l'assassin. »

« Je sais, répondis-je. Et ce n'est qu'un début. Je pensais bien vous trouver quelque part le long de cette route. »

Je ralentis. « Et moi ? Est-ce que je ne corresponds pas à la description moi aussi ? »

Le rouquin cacha mal son mépris. « Non. Vous avez les cheveux bruns. Les siens sont roux. Comme les miens. »

Je souris. « Mais j'aurais pu les teindre. »

Les yeux du rouquin s'agrandirent quand il comprit ce qui allait arriver.

Ce serait lui le numéro huit.

---

8. **I been picked up :** familier (et même vulgaire) pour I have been...
9. **last two days :** notez l'ordre des mots. De même **the next two weeks,** *les deux semaines à venir ;* **the last three months,** *les trois derniers mois.* ▲ **last week, last month :** *la semaine dernière, le mois dernier* (pas d'article) ; **the last few weeks,** *ces dernières semaines ;* **the next few weeks,** *les semaines à venir* (**few** est obligatoire).
10. **I think you'll get more :** sous-entendu : **publicity.** m. à m. : *je pense que tu en auras davantage* (de la publicité).
11. **highway :** *grand-route,* signifie aussi *autoroute.*
12. **to sneer :** *ricaner/parler/sourire d'un air méprisant.*
13. **his is red :** notez le singulier, nécessaire avec **hair.** *Mes cheveux sont noirs, j'ai les cheveux noirs,* **my hair is black.**

Révisions

Vous avez rencontré dans la nouvelle que vous venez de lire l'équivalent des expressions françaises suivantes. Vous en souvenez-vous ?

1. Faites le plein et vérifiez l'huile.
2. Tout le monde sait à quoi il ressemble.
3. J'éspère que vous vous êtes amusé.
4. J'aurais pu me teindre les cheveux.
5. Elle faisait environ du 90.
6. Ils ne l'auront jamais, il est trop malin pour eux.
7. Peut-être qu'il s'en fiche.
8. Il était un peu plus petit que la moyenne.
9. On lui donnait (il faisait) environ 17 ans mais il aurait pu avoir 5 ans de plus.
10. Est-ce que je ne corresponds pas à la description ?
11. Je détachai mes yeux de la route.
12. Le gamin haussa les épaules et déclara : « Peut-être qu'il s'en fiche ».

1. Fill the tank and check the oil.
2. Everybody knows what he looks like.
3. I hope you had fun.
4. I could have dyed my hair.
5. She was doing about 60.
6. They'll never get him, he's too smart for them.
7. Maybe he doesn't care.
8. He was a little shorter than average.
9. He looked about seventeen, but he could have been five years older.
10. Don't I fit the description ?
11. I took my eyes off the road.
12. The kid shrugged and said : "Maybe he doesn't care."

HENRY SLESAR

THE DAY OF THE EXECUTION

Le soir de l'exécution

When the jury foreman[1] stood up and read the verdict, Warren Selvey, the prosecuting attorney[2], listened to the pronouncement of guilt as if the words were a personal citation of merit[3]. He heard in the foreman's somber tones, not a condemnation of the accused man who shriveled like a burnt match on the courtroom chair[4], but a tribute to Selvey's own brilliance. "*Guilty as charged*[5]..." No, Warren Selvey thought triumphantly, guilty as I've proved...

For a moment, the judge's melancholy[6] eye caught Selvey's and the old man on the bench[7] showed shock at the light of rejoicing that he saw there. But Selvey couldn't conceal his flush[8] of happiness, his satisfaction with[9] his own efforts, with his first major conviction.

He gathered up his documents briskly, fighting to keep his mouth appropriately grim[10], though it ached[11] to smile all over his thin, brown face. He put his briefcase beneath his arm, and when he turned, faced the buzzing[12] spectators. "Excuse me," he said soberly[13], and pushed his way through[14] to the exit doors, thinking now only of Doreen.

He tried to visualize her face, tried to see the red mouth that could be hard or meltingly[15] soft, depending on which one of her many moods happened to be dominant. He tried to imagine how she would look when she heard his good news, how her warm body would feel against his, how her arms would encompass[16] him.

---

1. **foreman :** 1) (ici) *premier juré* ; 2) *contremaître*.
2. **prosecuting attorney :** to prosecute : *poursuivre en justice*. Attorney [ə:tɔ:rni] : (ici) *procureur, ministère public* (District Attorney = *Procureur de la République*) ; peut aussi signifier *fondé de pouvoir,* ou *avoué*.
3. **citation of merit :** en langue militaire, *citation à l'ordre du jour*. ∆ *citation* au sens de paroles citées : **quotation**.
4. m. à m. : *se recroquevillait comme une allumette brûlée dans la chaise de la salle du tribunal.*
5. m. à m. : *coupable de ce dont il est accusé.* **To charge sbd with sth :** *accuser qqn de qqch.*
6. **melancholy :** ∆même forme pour le nom et l'adj.
7. **bench :** *banc,* désigne le siège du juge. **The Bench,** *la*

Quand le premier juré se leva pour lire la sentence, Warren Selvey, le procureur, écouta le verdict de culpabilité comme s'il s'agissait d'une célébration officielle de ses propres mérites.

Il percevait dans le ton solennel du premier juré non pas la condamnation de l'accusé qui, anéanti, s'était effondré dans son box, mais un tribut à son talent à lui, Selvey. « Reconnu coupable des faits qui lui sont reprochés... » Non, pensa victorieusement Warren Selvey, coupable des faits que j'ai démontrés...

Un instant le regard mélancolique du juge croisa celui de Selvey et le vieux magistrat fut choqué de la lueur de triomphe qu'il y lut. Mais Selvey ne pouvait dissimuler l'intense satisfaction qu'il ressentait devant la récompense de ses efforts, la première condamnation importante qu'il ait obtenue.

Il rassembla rapidement ses dossiers, faisant effort pour conserver une expression sévère de circonstance, luttant contre le sourire qui ne demandait qu'à s'épanouir sur son mince visage bronzé. Il prit son porte-document sous le bras et se retourna, face au brouhaha de la salle d'audience. « Pardon », dit-il simplement, et il se fraya un chemin jusqu'à la sortie, ne pensant plus qu'à Doreen.

Il essayait de se représenter son visage, de voir la rougeur de cette bouche capable de se montrer si dure ou de s'abandonner si tendrement, selon que Doreen se laissait aller à l'une ou l'autre de ses nombreuses humeurs.

Il essaya d'imaginer l'expression qu'elle aurait en apprenant la bonne nouvelle, la sensation de son corps tiède contre le sien, le contact des bras qui l'enserreraient.

---

magistrature *assise*. **The Bar**, *le barreau, les avocats*.
8. **flush** : *accès, bouffée, afflux d'un liquide.*
9. **with** : *De même,* **to be satisfied with sth.**
10. **grim** : *menaçant, sinistre, sévère.*
11. **to ache** : 1) *faire mal ;* 2) *(ici) avoir une forte envie de faire qqch.*
12. **to buzz** : *bourdonner.*
13. **soberly** : 1) *sobrement ;* 2) *(ici) calmement, tranquillement, avec modération.*
14. *c'est la postposition* **through** *qui indique le mouvement principal, le verbe* **(to push)** *précisant la manière.*
15. **to melt** : *fondre.*
16. **to encompass** : 1) *entourer ;* 2) *englober.*

But this imagined foretaste[1] of Doreen's delights was interrupted. There were men's eyes seeking his now, and men's hands reaching toward him to grip[2] his hand in congratulation. Garson, the district attorney[3], smiling heavily[4] and nodding his lion's head in approval of his cub's behavior[5]. Vance, the assistant D.A., grinning with half a mouth[6], not altogether pleased to see his junior[7] in the spotlight. Reporters, too, and photographers[8], asking for statements, requesting poses.

Once[9], all this would have been enough for Warren Selvey. This moment, and these admiring men. But now there was Doreen, too, and thought of her made him eager to leave the arena of his victory for a quieter, more satisfying reward.

But he didn't make good his escape[10]. Garson caught his arm and steered him into the gray car that waited at the curb[11].

"How's[12] it feel ?" Garson grinned, thumping Selvey's knee as they drove off.

"Feels pretty good," Selvey said mildly[13], trying for the appearance of modesty. "But, hell[14], I can't take all the glory, Gar. Your boys made the conviction."

"You don't really mean that." Garson's eyes twinkled[15]. "I watched you through the trial, Warren. You were tasting blood[16]. You were an avenging sword[17]. You put him on the waiting list for the chair, not me."

---

1. **foretaste :** *avant-goût.* Cf. **aftertaste,** *arrière-goût.*
2. **to grip :** *étreindre, saisir, serrer.* Indique à la fois le fait de saisir et d'étreindre, que ne rendrait pas **to shake.**
3. **district attorney :** *procureur de district.* Aux États-Unis, les États sont divisés en districts, correspondant à la juridiction d'un tribunal. Il existe aussi des districts fédéraux pour les délits relevant des lois fédérales.
4. **heavily :** m. à m. : *lourdement.* Donne souvent l'idée d'exagération, d'excès : **to drink heavily, to lose heavily.**
5. **behavior,** (G.B.) **behaviour :** *comportement.*
6. **grinning with half a mouth :** m. à m. : *grimaçant avec la moitié de la bouche.* **To grin** selon le contexte indiquera un sourire forcé, un sourire moqueur ou un large sourire.
7. **junior :** *cadet,* s'oppose à **senior,** *aîné.* Aussi utilisé pour distinguer le fils du père, surtout s'ils ont le même prénom.

Mais cette anticipation délicieuse fut interrompue. Des regards cherchaient maintenant le sien, des mains se tendaient vers lui pour saisir la sienne en le félicitant. Garson, le procureur régional, arborant une expression réjouie et hochant sa tête de vieux lion pour montrer sa fierté du succès de son lionceau. Vance, l'adjoint de Garson, grimaçant un demi-sourire, pas tellement heureux de voir les projecteurs braqués sur son cadet. Des journalistes aussi, et des photographes, cherchant à l'interviewer, lui demandant de poser.

Naguère, tout cela aurait suffi à Warren Selvey. Cet instant, ces témoignages d'admiration... Mais maintenant il y avait Doreen en plus et à sa pensée il avait hâte de quitter le théâtre de ses exploits pour une récompense plus intime et plus gratifiante.

Mais il ne réussit pas à s'esquiver. Garson le prit par le bras pour le conduire vers la voiture grise garée le long du trottoir.

« Quelle impression ça fait ? » Garson eut un large sourire et donna une grande claque sur le genou de Selvey tandis que la voiture démarrait.

« Plutôt agréable », répondit tranquillement Selvey, essayant d'avoir l'air modeste. « Mais diable, je ne veux pas récolter tous les lauriers. Ce sont vos gars qui ont permis la condamnation. »

« Vous ne pensez pas vraiment cela. » Les yeux de Garson pétillaient. « Je vous ai regardé pendant tout le procès, Warren. Vous aviez senti le goût du sang. Vous étiez un glaive vengeur. C'est vous qui l'avez mis sur la liste d'attente de la chaise électrique, pas moi. »

Abréviations : **Jr** et **Sr**.
8. **photographer** [fə'tɔgrəfər]. Attention : **photograph** ['fəutəgræf] = *photographie*.
9. **once :** 1) *une fois ;* 2) *jadis*.
10. **to make good one's escape :** *parvenir à s'échapper*.
11. **curb** ou **kerb :** *rebord du trottoir*.
12. **how's it feel :** how does it feel ?
13. **mildly :** de mild, *doux, modéré*.
14. **hell :** *enfer*. Utilisé comme juron ou comme intensif : Hell yes ! *Et comment, bien sûr que oui !*
15. **to twinkle :** *scintiller, étinceler ;* (yeux) *pétiller*.
16. **blood :** ∆ pron. [blʌd] même son que dans shut.
17. **sword :** ∆ pron. [sɔ:rd].

"Don't say that !" Selvey said sharply. "He was guilty as sin[1], and you know it. Why[2], the evidence[3] was clearcut[4]. The jury did the only thing it could."

"That's right. The way you handled things, they did the only thing they could. But let's face it, Warren. With another prosecutor, maybe they would have done something else. Credit where credit's due[5], Warren."

Selvey couldn't hold back the smile any longer. It illumined his long, sharp-chinned[6] face, and he felt the relief of having it relax his features. He leaned back against the thick cushion of the car.

"Maybe so," he said. "But I thought he was guilty, and I tried to convince everybody else. It's not just A-B-C evidence[7] that counts, Gar. That's law-school sophistry[8], you know that. Sometimes you just *feel*..."

"Sure." The D.A.[9] looked out of the window. "How's the bride[10], Warren ?"

"Oh, Doreen's fine."

"Glad to hear it. Lovely woman, Doreen."

She was lying on the couch when he entered the apartment[11]. He hadn't imagined this detail of his triumphant homecoming.

He came over to her and she shifted slightly on the couch to let his arms surround her.

He said : "Did you hear, Doreen ? Did you hear what happened ?"

"I heard it on the radio[12]."

---

1. **guilty as sin :** m. à m. : *coupable comme le péché.*
2. **why :** utilisé ici comme intensif, avec le sens de *franchement, il est indéniable que.*
3. **evidence :** toujours singulier, au sens de *preuves ; une preuve* = a piece of evidence, a proof ; to give evidence, *témoigner.*
4. **clearcut :** *nettement dessiné, bien défini, clair.*
5. **credit where credit's due :** credit where credit is due, *créditez là où le crédit est dû, félicitez là où les félicitations sont méritées.*
6. **sharp-chinned :** m. à m. : *au menton aigu, pointu.* Cf. broad-shouldered, *aux épaules larges,* etc.
7. **A.B.C. evidence :** preuves par accumulation rationnelle

« Ne dites pas ça, s'écria vivement Selvey. Il était aussi coupable qu'on peut l'être, vous le savez bien. Allons, les preuves étaient irréfutables. Le jury a pris la seule décision possible. »

« C'est vrai. Vu la façon dont vous avez mené l'affaire, les jurés ne pouvaient pas faire autrement. Mais regardons les choses en face, Warren. Avec un autre procureur, peut-être auraient-ils agi différemment. Il faut savoir féliciter celui à qui le mérite revient, Warren. »

Selvey ne put pas cacher sa satisfaction plus longtemps. Un sourire éclaira son long visage au menton nettement dessiné, et il sentit avec soulagement ses traits se détendre. Il s'enfonça dans les coussins moelleux de la voiture. « Peut-être bien », dit-il. « Mais je pensais qu'il était coupable et j'ai essayé d'en convaincre tous les autres. Il n'y a pas que les preuves matérielles qui comptent, Gar. Ça, c'est de la théorie de faculté de droit, vous savez bien. Quelquefois c'est juste quelque chose qu'on sent. »

Le procureur régional regarda par la portière. « Comment va la jeune épousée, Warren ? »

« Oh, Doreen va très bien. »

« J'en suis heureux. Une femme adorable, Doreen. »

Elle était étendue sur le sofa quand il entra dans l'appartement. Il n'avait pas prévu ce détail de son retour triomphal.

Il alla vers elle et elle se déplaça légèrement sur le sofa pour qu'il puisse l'entourer de ses bras.

« As-tu entendu, Doreen », dit-il, « es-tu au courant de ce qui s'est passé ? »

« Je l'ai entendu à la radio. »

---

d'éléments objectifs. Cf. *preuve par A plus B*.
8. **sophistry** : *sophistique, sophisme*. Argumentation fallacieuse, ici par excès de théorie.
9. **D.A.** : District Attorney.
10. **bride** : *fiancée* (sur le point de se marier) ou (ici) *jeune mariée, jeune épousée*. **The bride**, *la mariée*. **The bridegroom**, *le marié*. **The bride and bridegroom**, *les futurs conjoints, les nouveaux mariés*.
11. **apartment** : (U.S.) *appartement*, (G.B.) *studio* ; *chambre, appartement* = (G.B.) **flat**.
12. **on the radio** : notez la préposition. Cf. **on the (tele)phone, on T.V.**

"Well ? Don't you know what it means ? I've got my conviction. My first conviction, and a big one. I'm no junior [1] anymore, Doreen."

"What will they do to that man ?"

He blinked [2] at her, tried to determine [3] what her mood might be. "I asked for the death penalty," he said. "He killed his wife in cold blood. Why should he get anything else [4] ?"

"I just asked, Warren." She put her cheek against his shoulder.

"Death is part of the job," he said. "You know that as well as I do, Doreen. You're not holding [5] that against me ?"

She pushed him away for a moment, appeared to be deciding whether to be angry or not. Then she drew him quickly to her, her breath hot and rapid in his ear.

They embarked [6] on a week of celebration. Quiet, intimate celebration, in dim [7] supper clubs and with close acquaintances. It wouldn't do [8] for Selvey to appear publicly gay under the circumstances.

On the evening of the day the convicted [9] Murray Rodman was sentenced to death, they stayed at home and drank hand-warmed brandy from big glasses. Doreen got drunk and playfully passionate [10], and Selvey thought he could never be happier. He had parlayed [11] a mediocre law-school record [12] and an appointment as a third-class member of the state legal department into a position of importance and respect.

---

1. **junior :** à l'origine notion d'âge, indique aussi l'importance relative : a junior partner, *un associé minoritaire.*
2. **to blink :** *ciller, cligner, battre des paupières.*
3. **to determine :** Δ prononciation [di'tɜ:rmin]. De même pour **to examine** [ig'zæmin].
4. m. à m. : *Pourquoi devrait-il obtenir qqch d'autre ?*
5. **to hold sth against sbd :** *faire grief de qqch à qqn.*
6. **to embark on :** *se lancer dans, s'engager dans, commencer ;* to embark on a program, to embark on a new career.
7. **dim :** *pâle, obscur, indistinct, vague, confus.* A dim light, *une faible clarté ;* a dim notion, *une vague idée.*
8. **it wouldn't do :** cf. it will do, *cela ira,* avec la nuance de sens de it isn't done, *cela ne se fait pas, n'est pas*

« Alors tu ne vois pas ce que cela veut dire ? J'ai obtenu ma condamnation. Ma première, et dans une affaire grave. Je ne suis plus un débutant, Doreen. »

« Que vont-ils faire à cet homme ? »

Il battit des paupières, essayant de deviner l'humeur de son épouse. « J'ai requis la peine de mort », précisa-t-il. « Il a tué sa femme de sang-froid. Quel autre verdict pouvait-on envisager ? »

« Je posais seulement la question, Warren. » Elle appuya sa joue contre son épaule.

« La mort fait partie du programme. Tu le sais aussi bien que moi, Doreen. Tu ne considères pas que c'est ma faute ? »

Elle le repoussa un instant, parut hésiter à se mettre en colère ou non. Puis elle l'attira soudain à elle, son souffle tiède et rapide contre son oreille.

Ils décidèrent de fêter l'événement pendant une semaine. Une célébration discrète, dans l'intimité, en allant souper avec des amis proches dans des clubs aux lumières tamisées. Vu les circonstances, il n'aurait pas été de bon goût pour Selvey de manifester sa gaieté en public.

Le soir du jour où Murray Rodman avait été reconnu coupable et condamné à mort, ils restèrent à la maison en buvant du cognac dans de grands verres qu'ils réchauffaient dans leurs mains. Doreen, ivre, devint passionnément câline, et Selvey se dit qu'il ne pourrait jamais être plus heureux. Il avait par la grâce du verbe, transformé de médiocres résultats à la faculté de droit et un poste de 3e classe dans l'appareil judiciaire de l'État en une situation importante et respectée.

---

décent. Le temps (**it wouldn't do** et non pas **it wouldn't have done**) nous met à la place des personnages et non du narrateur.

9. **convicted** : to convict (sbd of a crime), *reconnaître, déclarer coupable, condamner.*

10. **playfully** : de playful, *enjoué, folâtre, gai.*

11. **to parlay** : transformer en qqch d'une valeur beaucoup plus grande. De **parlay**, série de paris au cours desquels le parieur remet en jeu la mise plus les gains successifs. Différent de **to parley**, parlementer.

12. **record** : *dossier, antécédents* ; **academic record**, *résultats universitaires* ; **career record**, *antécédents professionnels.*

He had married a beautiful, pampered[1] woman and could make her whimper in his arms. He was proud of himself. He was grateful for the opportunity Murray Rodman had given him.

It was on the day of Rodman's scheduled execution that Selvey was approached[2] by the stooped[3], gray-haired man with the grease-spotted[4] hat.

He stepped out of the doorway of a drugstore, his hands shoved[5] into the pockets of his dirty tweed overcoat, his hat low over his eyes. He had white stubble[6] on his face.

"Please," he said. "Can I talk to you a minute ?"

Selvey looked him over, and put a hand in his pocket for change.

"No," the man said quickly. "I don't want a handout. I just want to talk to you, Mr. Selvey."

"You know who I am ?"

"Yeah, sure, Mr. Selvey. I read all about you."

Selvey's hard glance softened. "Well, I'm kind of[7] rushed right now. Got[8] an appointment."

"This is important, Mr. Selvey. Honest to God.[9] Can't we go someplace[10] ? Have coffee maybe[11] ? Five minutes is all[12]."

"Why don't you drop me a letter, or come down to the office ? We're on Chambers Street —[13]"

"It's about that man, Mr. Selvey. The one they're executing tonight."

The attorney examined the man's eyes. He saw how intent and penetrating they were.

---

1. **to pamper** : *choyer, dorloter, gâter.*
2. **to approach** : ∆ se construit avec un complément direct. To approach a town, *approcher d'une ville ;* to approach sbd, *approcher, contacter qqn.*
3. **to stoop** : 1) *se pencher, se courber, se baisser ;* 2) *se tenir courbé ;* 3) *s'abaisser, s'avilir, descendre à ;* to walk with a stoop, *marcher le dos voûté.*
4. **grease-spotted** : ∆ prononciation de grease [griːs].
5. **to shove** [ʃʌv] : *pousser.* Cf. **shove-ha'penny**, jeu consistant à pousser des piécettes sur une planchette pour les placer dans les zones qui donnent le plus de points. **To shove one's way** : *se frayer un chemin* (dans la foule).
6. **stubble** : *chaume.* D'où, *barbe naissante, barbe de plusieurs jours.*

Il avait épousé une femme jolie et adulée, et la faisait gémir dans ses bras. Il était fier de lui. Il était reconnaissant de l'occasion que Murray Rodman lui avait fournie.

C'est au jour prévu pour l'exécution de Rodman qu'il fut abordé par le vieil homme aux cheveux gris coiffés d'un chapeau taché de graisse.

Il avait jailli de l'embrasure d'un drugstore, les mains enfouies dans les poches de son manteau de tweed sale, le chapeau enfoncé sur les yeux. Une barbe de plusieurs jours blanchissait son visage.

« S'il vous plaît », dit-il. « Puis-je vous parler une minute ? »

Selvey l'examina de la tête aux pieds et chercha de la monnaie dans sa poche.

« Non », l'interrompit l'homme. « Je ne veux pas l'aumône. Je veux simplement vous parler, M. Selvey. »

« Vous savez qui je suis ? »

« Ben, sûr, M. Selvey. J'ai tout lu à votre sujet. »

Le regard dur de Selvey s'adoucit. « Ah, je suis plutôt pressé à l'instant, j'ai un rendez-vous. »

« C'est important M. Selvey. Il faut me croire. Est-ce qu'on ne peut pas aller quelque part ? Prendre un café par exemple. Pas plus de cinq minutes. »

« Pourquoi ne pas m'envoyer une lettre, ou venir au bureau ? Nous sommes rue Chambers... »

« C'est au sujet de cet homme, M. Selvey. Celui qu'on exécute ce soir. »

Le procureur observa les yeux du vieil homme. Il vit combien son regard était intense et pénétrant.

---

7. **I'm kind of rushed** : kind of *(sorte de)* a souvent le sens de **rather** *(plutôt)* en langue familière. S'emploie même avec un verbe : **I kind of like it** : I rather like it.
8. **got an appointment ?** = Have you got an appointment ?
9. **honest to God** : m. à m. : *(je suis) honnête devant Dieu*.
10. **someplace** : familier pour **somewhere**.
11. **have coffee may be** : m. à m. : *prendre un café peut-être*. Dans **to have coffee, to have tea, to have a drink**, etc., **to have** correspond au français *prendre*.
12. **is all** : familier pour **5 minutes is all it will take** (ou **5 minutes, that's all**). Verbe au singulier (**is**) car le sens est *une durée de 5 minutes*.
13. **on Chambers Street** : notez la préposition **on** préférée à **in**, surtout quand il s'agit de rues connues.

"All right," he said. "There's a coffee shop down the street. But only five minutes, mind you."

It was almost two-thirty ; the lunchtime rush at the coffee shop was over. They found a booth[1] in the rear, and sat silently while a waiter cleared the remnants of a hasty[2] meal from the table.

Finally, the old man leaned forward and said : "My name's Arlington, Phil Arlington. I've been out of town, in Florida, else I wouldn't have let things go this far[3]. I didn't see a paper, hear a radio, nothing like that[4]."

"I don't get you, Mr. Arlington. Are you talking about the Rodman trial ?"

"Yeah[5], the Rodman business. when I came back and heard what happened, I didn't know what to do. You can see that, can't you ? It hurt me, hurt me bad to read what was happening to that poor man. But I was afraid. You can understand that. I was afraid."

"Afraid of what ?"

The man talked to his coffee. "I had an awful time[6] with myself, trying to decide what to do. But then I figured — hell, this Rodman is a young man. What is he, thirty-eigh ? I'm sixty-four, Mr. Selvey. Which is better[7] ?"

"Better for what ?" Selvey was getting annoyed[8] ; he shot a look at his watch. "Talk sense[9], Mr. Arlington. I'm a busy man[10]."

---

1. **booth** : dans les cafés, emplacement matérialisé par une table et deux banquettes à hauts dossiers ; **telephone-booth**, *cabine téléphonique* ; **polling-booth**, *isoloir*.
2. **hasty** : *précipité, fait à la hâte, sommaire, hâtif*.
3. **this far** : *jusqu'au point où elles sont arrivées maintenant.* Cf. **is it that important ?** *Est-ce si important* (à ce point-là) ?
4. **nothing like that** : m. à m. : *rien de tel.*
5. **yeah** : forme familière de **yes**. Prononcer [jeə] ou [jiə].
6. **an awful time** : **to have a good time,** *avoir du bon temps, passer un moment agréable, bien s'amuser* ; **to have an awful time,** *passer un mauvais moment/quart d'heure, connaître un moment difficile.*
7. **which is better**, *lequel des deux est le mieux ?* signifie : est-ce qu'il vaut mieux que cela soit lui ou moi qui aille en

« D'accord, répondit-il. Il y a un café en bas de la rue. Mais pas plus de cinq minutes, hein ! »

Il était presque 2 h et demie ; le coup de feu du déjeuner était terminé et ils trouvèrent facilement une table au fond du café. Ils s'assirent en silence pendant qu'un garçon débarrassait la table des restes d'un repas express.

Le vieil homme se pencha enfin en avant et déclara : « Je m'appelle Arlington, Phil Arlington. Je n'étais pas ici, j'étais parti en Floride, autrement je n'aurais pas laissé les choses aller si loin. Je n'ai rien lu dans le journal, rien entendu à la radio. »

« Je ne vous suis pas, M. Arlington. Parlez-vous du procès Rodman ? »

« Ouais, l'affaire Rodman. Quand je suis revenu et que j'ai appris ce qui se passait, je n'ai pas su quoi faire. Vous saisissez, n'est-ce pas ? Ça m'a fait mal, vraiment mal de lire ce qui arrivait à ce pauvre homme. Mais j'ai eu peur. Vous pouvez le comprendre. J'ai eu peur. »

« Peur de quoi ? »

L'homme s'adressa à sa tasse de café.

« J'ai passé un sale moment avec moi-même, à essayer de décider ce qu'il fallait faire. Et puis je me suis dit, nom d'un chien, ce Rodman est un homme jeune. Quel âge a-t-il ? 38 ans ? J'en ai 64, M. Selvey. Qu'est-ce qui vaut mieux ? »

« Mieux pour qui ? » Selvey commençait à s'impatienter. Il jeta un coup d'oeil à sa montre. « Parlez clairement, M. Arlington. J'ai autre chose à faire. »

---

prison ou soit exécuté — ou : vaut-il mieux que je me livre ou pas ?
8. **annoyed :** to annoy est plus fort que le français ennuyer et signifie *contrarier, irriter, gêner, importuner.*
9. **talk sense :** *dites des choses sensées, compréhensibles.* Cf. **be sensible,** *soyez raisonnable, sensé ;* **you're talking nonsense,** *vous dites des bêtises, des sottises, vous déraisonnez.*
10. **I'm a busy man :** m. à m. : *je suis un homme occupé.*
△ prononciation [bizi] ; de même **business** ['biznis].

"I thought I'd ask[1] your advice[2]." The gray-haired man licked his lips. "I was afraid to go to the police right off[3], I thought I should ask you. Should I tell them what I did, Mr. Selvey ? Should I tell them I killed that woman ? Tell me. Should I ?"

The world suddenly shifted on its axis[4]. Warren Selvey's hands grew cold around the coffee cup. He stared at the man across from him.

"What are you talking about[5] ?" he said. "Rodman killed his wife. We proved that."

"No, no, that's the point. I was hitchhiking east. I got a lift[6] into Wilford. I was walking around town, trying to figure out where to get[7] food, a job, anything. I knocked on this door. This nice lady answered. She didn't have no[8] job, but she gave me a sandwich. It was a ham sandwich."

"What house ? How do you know it was Mrs. Rodman's house ?"

"I know it was. I seen her[9] picture, in the newspapers. She was a nice lady. If she hadn't walked into that kitchen after, it would have been okay."

"What, what ?" Selvey snapped[10].

"I shouldn't have done it. I mean, she was real[11] nice to me, but I was so broke[12]. I was looking around[13] the jars in the cupboard[14]. You know how women are ; they're always hiding dough[15] in the jars, house money they call it.

---

1. **I thought I'd ask** : I thought I would ask, *j'ai pensé que je demanderais*. Au présent on aurait **I think I will ask**.

2. **advice** : collectif singulier, *ses conseils sont excellents,* **his advice is excellent** ; *un conseil,* **a piece of advice**.

3. **right off** : right away, *immédiatement*.

4. **shifted on its axis** : m. à m. : *changea de position sur son axe*.

5. notez le rejet de la prép. **about** en fin de phrase.

6. **I got a lift** : to give sbd a lift, *emmener/faire monter/prendre qqn dans sa voiture*.

7. m. à m. : *essayant d'imaginer où obtenir*.

8. **didn't have no job** : double négation incorrecte mais fréquente en langue familière. Devrait être : **didn't have any job**. La langue d'Arlington n'est pas un modèle.

9. **I seen her picture** : I seen, incorrect pour **I have seen** ou **I saw**. **Her picture** : éviter ici de traduire par *sa photo*,

« J'ai pensé vous demander conseil. » L'homme aux cheveux gris se passa la langue sur les lèvres : « J'avais peur d'aller à la police directement, je me suis dit que je ferais mieux de vous demander. Est-ce que je devrais leur dire ce que j'ai fait, M. Selvey ? Faut-il leur dire que j'ai tué cette femme ? Dites-moi ? Est-ce que je devrais ? »

Le monde chancela soudain sur ses bases. Selvey sentit ses mains se glacer autour de la tasse de café. Il regardait fixement l'homme assis en face de lui.

« Qu'est-ce que vous racontez ? » s'exclama-t-il. « C'est Rodman qui a tué sa femme. Nous l'avons prouvé. »

« Mais non, mais non. C'est tout le problème. Je faisais du stop vers l'est. Une voiture m'a emmené à Wilford. Je parcourais la ville, à la recherche d'un endroit où trouver à manger, du travail, n'importe quoi. J'ai frappé à cette porte. Cette brave dame m'a ouvert. Elle n'avait pas d'emploi à offrir, mais elle m'a donné un sandwich. C'était un sandwich au jambon. »

« Quelle maison ? Comment savez-vous que c'était celle de Mme Rodman ? »

« Je sais que c'était la sienne. J'ai vu la photo de Mme Rodman dans les journaux. C'était une chic femme. Si elle n'était pas allée à la cuisine ensuite, tout se serait bien passé. »

« Hein ? Quoi ? » fit sèchement Selvey.

« Je n'aurais pas dû le faire, je veux dire, elle a vraiment été gentille avec moi, mais j'étais tellement fauché. Je me suis mis à fouiller parmi les pots à confiture dans le placard. Vous savez comment sont les femmes ; elles cachent toujours du fric dans les pots, l'argent pour la maison qu'elles appellent ça.

---

qui pourrait faire croire que c'est celle de la maison.
10. **to snap :** 1) *(se) briser, (se) rompre, (se) casser net avec un bruit sec* ; 2) *dire d'un ton sec.*
11. **real nice :** emploi de l'adj. **real** au lieu de l'adverbe **really**. Fréquent dans la langue parlée populaire (**real big**, **real good**, etc.) mais considéré comme plutôt vulgaire.
12. **broke :** (fam.) *sans le sou.*
13. **to look around :** 1) *regarder autour de soi*, **to look around for sth**, *chercher qqch* ; 2) (ici : **to look through**) *chercher parmi, fouiller parmi.*
14. **cupboard :** ∆ prononciation [ˈkʌbə(r)d].
15. **dough** [dəʊ] : (vulgaire) *pognon, fric, oseille*, etc.

She caught me at it and got mad. She didn't yell or anything, but I could see she meant trouble. That's when I did it, Mr. Selvey. I went off my head."

"I don't believe you," Selvey said. "Nobody saw any — anybody[1] in the neighborhood. Rodman and his wife quarreled all the time —"

The gray-haired man shrugged. "I wouldn't know anything about that, Mr. Selvey. I don't know anything about those people. But that's[2] what happened, and that's why I want your advice." He rubbed his forehead[3]. "I mean, if I confess now, what would they do[4] to me ?"

"Burn[5] you," Selvey said coldly. "Burn you instead of Rodman. Is that what you want ?"

Arlington paled. "No. Prison, okay. But not that."

"Then just forget about it. Understand me, Mr. Arlington ? I think you dreamed the whole thing, don't you ? Just think of it that way. A bad dream. Now get back on the road and forget it."

"But that man. They're killing him tonight[6] —"

"Because he's guilty." Selvey's palm hit the table. "I *proved*[7] him guilty. Understand ?"

The man's lip[8] trembled.

"Yes, sir," he said.

Selvey got up and tossed a five[9] on the table.

"Pay the bill," he said curtly[10]. "Keep the change."

That night, Doreen asked him the hour for the fourth time.

---

1. **anybody :** Selvey se reprend. Il allait employer un nom peu flatteur pour Arlington.
2. **that's what happened :** cas typique où *that* renvoie à ce qui précède. *This is what happened* annoncerait une description des événements qui se sont produits.
3. **forehead :** Δ prononciation ['fɔːrid], (G.B.) ['fɔrid].
4. **would they do :** *feraient*. En stricte grammaire on aurait : *if I confess now what will they do* ou *if I confessed now, what would they do...*
5. **burn you :** *they would burn you, ils vous brûleraient (vous feraient griller).*
6. **they're killing him tonight :** notez l'emploi du présent à la forme en -ing avec un sens futur. Cf. *I'm going to the theater tonight, je vais au théâtre ce soir.*

Elle m'a pris sur le fait et ça l'a rendue furieuse. Elle ne s'est pas mise à crier ou quelque chose comme ça mais j'ai bien vu que ça allait barder. C'est à ce moment-là que je l'ai fait, M. Selvey. J'ai perdu la tête. »

« Je ne vous crois pas », dit Selvey. « Personne n'a vu d'étranger dans le voisinage. Rodman et sa femme se querellaient en permanence... »

L'homme aux cheveux gris haussa les épaules. « Ça je ne saurais pas dire, M. Selvey. Je ne sais rien de ces gens. Mais c'est arrivé comme je vous ai dit, et c'est pour ça que j'ai besoin de vos conseils. » Il se frotta le front. « Je veux dire, si j'avoue maintenant, qu'est-ce qu'ils me feront ? »

« Ils vous électrocuteront, répondit froidement Selvey. Ils vous feront griller à la place de Rodman. C'est ça que vous voulez ? »

Arlington blêmit. « Non. La prison, d'accord. Mais pas ça. »

« Alors oubliez tout. Vous me comprenez, M. Arlington ? Je pense que vous avez rêvé toute l'histoire, pas vous ? Voyez ça comme ça. Un cauchemar. Reprenez la route et oubliez tout ça. »

« Mais cet homme... Ils vont l'exécuter ce soir... »

« Parce qu'il est coupable. » La paume de Selvey frappa la table. « J'ai *prouvé* qu'il était coupable. Compris ? »

L'homme eut un tremblement des lèvres.

« Oui, Monsieur », dit-il.

Selvey se leva et jeta un billet de 5 dollars sur la table.

« Réglez la note », dit-il d'un ton sans réplique. « Gardez la monnaie. »

Ce soir-là, Doreen lui demanda l'heure pour la quatrième fois.

---

7. **I proved him guilty** : construction directe, de même **I proved her wrong**, *j'ai prouvé qu'elle avait tort*.
8. **lip** : traduit par un pluriel en français on ne sait pas si c'est *la lèvre supérieure* (**upper lip**) ou *inférieure* (**lower lip**) qui tremble ! En fait, **lip** est souvent utilisé au sens de **lips**. On dira d'un trompettiste : **he has a strong lip**, *il a des lèvres solides*.
9. **a five** : *un billet de 5 dollars* (**a five-dollar bill**).
10. **curtly** : *sèchement, avec brusquerie*.

"Eleven," he said sullenly.

"Just another hour." She sank deep into the sofa cushions. "I wonder how he feels right now..."

"Cut it out ![1]"

"My[2], we're jumpy[3] tonight."

"My part's done with, Doreen. I told you that again and again. Now the State's doing its job[4]."

She held[5] the tip of her pink tongue between her teeth thoughtfully. "But you put him where he is, Warren. You can't deny that."

"The jury put him there !"

"You don't have to shout at me[6], attorney."

"Oh, Doreen..." He leaned across to make some apologetic gesture, but the telephone rang.

He picked it up angrily.

"Mr. Selvey ? This is Arlington."

All over Selvey's body, a pulse throbbed.

"What do you want ?"

"Mr. Selvey, I been thinking[7] it over. What you told me today. Only I don't think it would be right, just forgetting about it. I mean —"

"Arlington, listen to me. I'd like to see you at my apartment. I'd like to see you right now."

From the sofa, Doreen said : "Hey !"

"Did you hear me, Arlington ? Before you do anything rash[8], I want to talk to you, tell you where you stand legally. I think you owe that to yourself."

There was a pause at the other end.

---

1. **cut it out :** m. à m. : *coupe ça,* c'est-à-dire *tais-toi.*
2. **my :** exclamation, de **My God** !
3. **jumpy :** de to jump, *sauter, sursauter.*
4. **the State :** c'est au nom de la justice de l'État que Rodman a été condamné, c'est l'État qui est responsable de son exécution.
5. **she held :** m. à m. : *elle tint, elle maintint.*
6. **at me :** Doreen insiste sur **me** pour signifier à Selvey qu'elle n'est pour rien dans tout cela, que ce n'est pas sur elle qu'il doit passer sa colère ou la mauvaise humeur causée par ses remords. C'est aussi une façon de dire « garde tes effets de voix pour tes plaidoiries ».

« Onze heures », répondit-il, maussade.

« Plus qu'une heure. » Elle s'enfonça dans les coussins du sofa. « Je me demande ce qu'il ressent en ce moment... »

« Arrête ça ! »

« Oh là là ! On est nerveux ce soir ! »

« Mon rôle est terminé, Doreen. Je te l'ai dit et répété. Maintenant c'est à l'État de faire son travail. »

Elle passa pensivement la pointe de sa langue rose entre ses dents. « Mais c'est toi qui l'as mis là où il est, Warren. Tu ne peux pas dire le contraire. »

« C'est le jury qui l'a mis là. »

« Inutile de me crier après, Monsieur le Procureur ! »

« Ah, Doreen... » Il se penchait vers elle en esquissant un geste d'excuse, quand le téléphone sonna.

Il saisit le combiné avec irritation.

« Monsieur Selvey ? Ici Arlington. »

Selvey sentit le battement de son pouls gagner tout son corps.

« Qu'est-ce que vous voulez ? »

« Monsieur Selvey, j'ai bien réfléchi... Ce que vous m'avez dit tout à l'heure. Seulement, je trouve pas que ce serait bien, d'oublier comme ça — je veux dire... »

« Arlington, écoutez-moi. Je voudrais vous voir à mon appartement. Je voudrais vous voir tout de suite. » Du fond du sofa, Doreen s'écria « Hé ! »

« Vous m'avez entendu Arlington ? Avant que vous n'agissiez sur un coup de tête, je veux discuter avec vous, vous montrer quelle est votre situation juridique. Je pense que vous vous devez cela à vous-même. »

Il y eut un silence au bout de la ligne.

---

7. **I been thinking :** I have been thinking. La contraction **I've been** devient **I been** en langue parlée populaire.

8. **rash :** *irréfléchi, inconsidéré, imprudent, téméraire* (a rash promise, a rash decision) ; notez la construction **anything rash**. De même : **sth good, anything wrong,** etc.

"Guess[1] maybe you're right, Mr. Selvey. Only I'm way downtown[2], and by the time I get there —"

"You can make it[3]. Take the IRT subway[4], it's quickest. Get off at 86th Street."

When he hung up, Doreen was standing.

"Doreen, wait. I'm sorry about this. This man is — an important witness in a case I'm handling[5]. The only time I can see him is now."

"Have fun," she said airily[6], and went to the bedroom.

"Doreen —"

The door closed behind her. For a moment, there was silence. Then she clicked[7] the lock.

Selvey cursed his wife's moods beneath his breath[8], and stalked[9] over to the bar.

By the time Arlington sounded the door chimes, Selvey had downed[10] six inches of bourbon[11].

Arlington's grease-spotted hat and dirty coat looked worse than ever in the plush[12] apartment. He took them off and looked around timidly.

"We've only got three-quarters of an hour," he said. "I've just got to do something, Mr. Selvey."

"I know what you can do," the attorney smiled. "You can have a drink and talk things over."

"I don't think I should —" But the man's eyes were already fixed on the bottle in Selvey's hands. The lawyer's smile widened.

---

1. **guess :** I guess, to guess, *deviner,* est souvent utilisé (en U.S.) au sens de *penser, croire, supposer.*
2. **way downtown :** way — de away — indique l'éloignement : way down South, *loin au Sud ;* way back in the thirties, *dans le temps, dans les années trente.* Downtown, désigne la partie centrale d'une ville, là où se trouvent les magasins. Cf. a downtown bus, *un autobus qui va vers le centre ville ;* an uptown bus, un bus qui va vers la banlieue.
3. **you can make it :** to make it, *réussir.* You'll never make it, *vous n'y arriverez/parviendrez jamais,* souvent avec l'idée de réussir à faire qqch à l'intérieur d'un certain laps de temps. Cf. to make a train/a plane, *arriver à prendre un train, un avion.*
4. **I R T Subway :** Interborough Rapid Transit Subway dessert le Bronx, le Queens, Brooklyn et Manhattan.

« P'têt' bien qu'vous avez raison, Monsieur Selvey. Seulement je suis loin dans le centre et le temps que j'arrive chez vous... »

« Vous avez le temps. Prenez le métro, c'est le plus rapide. Descendez à la 86ᵉ Rue. »

Quand il raccrocha, Doreen était debout.

« Attends, Doreen. Je suis désolé. Cet homme est un témoin important dans une affaire dont je m'occupe. C'est maintenant le seul moment où je peux le voir. »

« Amuse-toi bien », dit-elle d'un air distant en se dirigeant vers la chambre à coucher.

« Doreen... »

La porte se referma derrière elle. Pendant un instant ce fut le silence. Puis il l'entendit tirer le verrou.

Selvey maudit à mi-voix les humeurs de sa femme et alla droit au bar.

Quand le carillon de l'entrée retentit, il avait déjà descendu trois bourbons bien tassés.

Dans l'appartement chic, le chapeau taché de graisse et le manteau sale d'Arlington faisaient plus minables que jamais. Il les enleva et regarda timidement autour de lui.

« Nous n'avons que trois quarts d'heure », dit-il. « Il faut absolument que je fasse quelque chose, Monsieur Selvey. »

« Je sais ce que vous pouvez faire », sourit le procureur. « Vous pouvez boire un verre en discutant la situation. »

« Je ne pense pas que je devrais... » Mais les yeux du vieil homme étaient déjà fixés sur la bouteille que Selvey tenait à la main. Le sourire de l'avocat s'épanouit.

Borough : municipalité. ∆ **subway** : (U.S.) *métro*, (G.B.) *passage souterrain [le métro :* (G.B.) **the underground***].*
5. **to handle :** 1) *manier, manipuler ;* 2) *traiter, diriger, faire face à une situation.*
6. **airily :** *de façon frivole, insouciante.*
7. **to click :** *faire un bruit de déclic, cliqueter.*
8. **breath** [breθ] : *respiration, souffle, haleine ;* **to breathe** [bri:ð] : *respirer.*
9. **to stalk :** 1) *marcher fièrement ;* 2) *traquer, suivre à la trace, filer.*
10. **to down :** 1) *avaler d'un trait ;* 2) *abattre* (avion).
11. **six inches of bourbon :** 1 inch = 2,5 cm ; **6 inches** = 15 cm. ∆ ['bɜ:rbən].
12. **plush :** *chic, de luxe, luxueux.*

By[1] eleven-thirty, Arlington's voice was thick and blurred[2], his eyes no longer so intense, his concern over Rodman no longer so compelling[3].

Selvey kept his visitor's glass filled.

The old man began to mutter. He muttered about his childhood, about some past respectability, and inveighed[4] a string[5] of strangers[6] who had done him dirt[7]. After awhile, his shaggy head began to roll on his shoulders, and his heavy-lidded[8] eyes began to close.

He was jarred[9] out of his doze by the mantel clock's chiming.

"Whazzat[10] ?"

"Only the clock," Selvey grinned.

"Clock ? What time ? What time ?"

"Twelve, Mr. Arlington. Your worries are over. Mr. Rodman's already paid for his crime."

"No !" The old man stood up, circling wildly[11]. "No, that's not true. I killed that woman. Not him ! They can't kill him for something he —"

"Relax[12], Mr. Arlington. Nothing[13] you can do about it now."

"Yes, yes ! Must tell them — the police —"

"But why ? Rodman's been executed. As soon as that clock struck, he was dead. What good can you do him now[14] ?"

"Have to !" the old man sobbed[15]. "Don't you see ? Couldn't live with myself[16], Mr. Selvey. Please —"

---

1. **by eleven thirty** : by s'emploie devant une date, une heure, etc., quand on tient compte de l'écoulement du temps qui les précède. Ex : *il arrivera mardi*, **he'll arrive on Tuesday**, mais *il faudra que ce soit terminé pour mardi*, **it will have to be finished by Tuesday**.
2. **to blur** : *rendre indistinct, flou, confus, brouiller.*
3. **to compel** : *obliger, contraindre, imposer.*
4. **to inveigh** [in'vei] : *invectiver, s'emporter contre.*
5. **string** : 1) *ficelle, corde* ; 2) *chapelet, série, kyrielle.*
6. **stranger** : *étranger, personne que l'on ne connaît pas.* A distinguer de **foreigner**, *citoyen d'un autre pays*.
7. **dirt** : *saleté, crasse, fange* ; cf. **dirty trick**, *sale tour*.
8. **heavy-lidded** : formation semblable à **broad-shouldered**, *large d'épaules* ; de **lid** : 1) *couvercle* ; 2) *paupière*.

A onze heures et demie, la voix d'Arlington était devenue pâteuse et indistincte, son regard avait perdu de son intensité, son souci du sort de Rodman était moins impératif.

Selvey veillait à ce que le verre de son visiteur reste plein.

Le vieil homme se mit à marmonner. Il parlait de son enfance, d'une respectabilité jadis connue et il maudissait toute une série d'individus qui lui avaient joué de sales tours. Au bout d'un certain temps, sa tête hirsute se mit à dodeliner et ses yeux aux paupières lourdes commencèrent à se fermer.

Il fut arraché à sa somnolence par le carillon de l'horloge de la cheminée.

« Quéqucé ? »

« Seulement l'horloge. » Selvey grimaça un sourire.

« L'horloge ? Quelle heure ? Quelle heure ? »

« Minuit, Monsieur Arlington. Vous n'avez plus de soucis à vous faire. Rodman a déjà payé pour son crime. »

« Non ! » Le vieil homme se dressa, tournant frénétiquement en rond. « Non, ce n'est pas vrai. C'est moi qui ai tué cette femme, pas lui ! Ils ne peuvent pas l'exécuter pour quelque chose qu'il... »

« Calmez-vous, M. Arlington. Vous ne pouvez plus rien y faire. »

« Si ! Si ! Il faut que je leur dise... à la police... »

« Mais pourquoi ? Rodman a été exécuté. Dès le premier coup de minuit, son compte était bon. Qu'est-ce que vous pouvez faire pour lui maintenant ? »

« Il le faut ! » pleurnicha le vieil homme. « Vous ne voyez pas ? Je ne pourrai pas vivre avec ça, Monsieur Selvey, je vous en prie ! »

---

9. **to jar :** 1) *émettre un son discordant, grincer ;* 2) **(with sth)**, *détonner, être en contradiction avec, jurer avec.*
10. **whazzat ? :** what's that ? Arlington émerge d'un sommeil alcoolique. Son élocution s'en ressent.
11. **wildly :** 1) *violemment, furieusement ;* 2) *d'une façon désordonnée, avec égarement, comme un fou.*
12. **to relax :** 1) (ici) *se détendre, se décontracter ;* 2) *détendre, relâcher, desserrer, assouplir.*
13. **nothing :** there is nothing you can do...
14. **have to :** I have to.
15. **to sob :** *sangloter ;* **sob :** *sanglot.*
16. m. à m. : *je ne pourrais pas vivre avec moi-même.*

He tottered[1] over to the telephone. Swiftly the attorney put his hand on the receiver.

"Don't," he said.

Their hands fought for the instrument, and the younger man's[2] won easily.

"You won't stop me, Mr. Selvey. I'll go down there myself. I'll tell them all about it. And I'll tell them about you —"

He staggered[3] toward the door. Selvey's arm went out and spun[4] him around.

"You crazy old tramp[5]! You're just asking for trouble. Rodman's dead —"

"I don't care!"

Selvey's arm lashed out[6] and his hand cracked across the sagging[7], white-whiskered face. The old man sobbed at the blow, but persisted in his attempt to reach the door. Selvey's anger increased and he struck out again, and after the blow, his hands dropped to the old man's scrawny[8] neck. The next idea came naturally. There wasn't much life throbbing in the old throat. A little pressure, and Selvey could stop the frantic[9] breathing, the hoarse, scratchy[10] voice, the damning[11] words...

Selvey squeezed, harder and harder.

And then his hands let him go. The old man swayed[12] and slid[13] against Selvey's body to the floor.

In the doorway, rigid, icy-eyed[14] : Doreen.

---

1. **he tottered over to the telephone :** l'idée principale du mouvement est rendue par **over to** : *en se dirigeant jusqu'au.* To totter décrit la démarche.
2. m. à m. : *celles du plus jeune.*
3. **he staggered toward the door :** toward — contrairement à **over to** dans l'exemple précédent — indique qu'il ne parvient pas jusqu'à la porte ; to **stagger** : 1) *tituber, chanceler, vaciller ;* 2) *stupéfier, étonner ;* 3) *étaler dans le temps, échelonner ;* **staggered payments,** *versements échelonnés ;* **staggered holidays,** *étalement des vacances.*
4. **to spin, spun, spun :** 1) *filer, tisser ;* 2) *tourner, faire tourner sur soi-même.*
5. **tramp :** *vagabond ;* to tramp, *marcher lourdement.*
6. **to lash :** *fouetter, cingler ;* to lash out : 1) *donner un coup de fouet, de poing, se détendre brusquement ;* 2) *fustiger.*

Il se dirigea en chancelant vers le téléphone. Le procureur posa vivement la main sur le combiné.

« Pas de ça ! » dit-il.

Leurs mains luttèrent pour la possession de l'appareil, et le plus jeune l'emporta facilement.

« Vous ne m'empêcherez pas, Monsieur Selvey. J'irai là-bas moi-même. Je leur raconterai tout. Et je leur dirai à votre sujet... »

Il tituba vers la porte. Le bras de Selvey jaillit et le fit tourner sur lui-même.

« Espèce de vieux cinglé ! Tout ce que vous cherchez c'est des ennuis. Rodman est mort... »

« Ça ne fait rien ! »

Le bras de Selvey partit et sa main claqua violemment sur le visage aux traits affaissés et aux favoris blancs. Le vieil homme gémit sous le coup mais persista dans sa tentative pour atteindre la porte.

La colère de Selvey redoubla et il frappa à nouveau, après quoi ses mains descendirent à la hauteur du cou décharné du vieillard. Le reste vint naturellement. La vie palpitait bien faiblement dans la gorge du vieux. Une légère pression et Selvey pouvait mettre un terme à la respiration saccadée, à la voix rauque et grinçante, aux paroles qui l'incriminaient.

Selvey serra de plus en plus fort. Puis ses mains lâchèrent prise. Le vieil homme bascula sur le parquet en glissant le long du corps de Selvey.

Dans l'embrasure de la porte, rigide, le regard glacé : Doreen.

---

7. **to sag** : *s'affaisser, fléchir.*
8. **scrawny** : scraggy, *décharné.*
9. **frantic** : *frénétique, fou de terreur, de douleur.*
10. **scratchy** : de to scratch : 1) *griffer, gratter* ; 2) *émettre un grattement, un grincement.*
11. **the damning words** : de to damn, *condamner.* Cf. damning evidence, *preuve, témoignage accablant(e).*
12. **to sway** : *(se) balancer, (faire) osciller, vaciller.*
13. **slid** : de to slide, slid, slid, *glisser, coulisser.*
14. **icy-eyed** : notez la fréquence de ces formations (adjectif + nom + -ed) en anglais. Cf. plus haut **white-whiskered**.

"Doreen, listen —"

"You choked[1] him," she said.

"Self-defense !" Selvey shouted. "He broke in here, tried to rob the apartment."

She slammed the door shut, twisted[2] the inside lock. Selvey raced across the carpet and pounded desperately on the door. He rattled[3] the knob and called her name, but there was no answer. Then he heard the sound of a spinning telephone dial[4].

It was bad enough, without having[5] Vance in the crowd that jammed the apartment. Vance, the assistant D.A., who hated his guts[6] anyway. Vance, who was smart enough to break down his burglar story without any trouble, who had learned that Selvey's visitor had been expected. Vance, who would delight in his predicament[7].

But Vance didn't seem delighted. He looked puzzled. He stared[8] down at the dead body on the floor of Selvey's apartment and said : "I don't get it[9], Warren. I just don't get it. What did you want to kill a harmless old guy like that for[10] ?"

"Harmless ? *Harmless ?*"

"Sure. Harmless. That's old Arlington, I'd know him[11] any place."

"You know him ?" Selvey was stunned[12].

"Sure, I met up with him when I was working out of Bellaire County. Crazy old guy goes around[13] confessing to[14] murders. But why kill him, Warren ? What for ?"

---

1. **to choke :** *étouffer, étrangler.* He was choking/choked with anger, *il étouffait de colère.*

2. **to twist :** 1) *tordre, imprimer un mouvement giratoire ;* 2) *déformer, dénaturer.*

3. **he rattled the knob :** to rattle : 1) *produire une succession de bruits métalliques,* comme une chaîne qu'on secoue ; 2) *secouer, ébranler en produisant un bruit métallique.*

4. m. à m. : *un cadran téléphonique en train de tourner.*

5. **without having :** m. à m. : *c'était assez moche sans avoir...*

6. **guts :** *tripes, panse.* To hate so's guts, *ne pas pouvoir supporter qqn, détester violemment qqn.*

7. **predicament :** *situation difficile, mauvaise passe.*

8. **to stare :** *regarder fixement, d'un air étonné, en ouvrant*

« Doreen, écoute ! »

« Tu l'as étranglé », dit-elle.

« Légitime défense ! » hurla Selvey. « Il est entré par effraction pour cambrioler l'appartement. »

Elle claqua la porte, poussa le verrou intérieur. Selvey s'élança sur la moquette et martela désespérément la porte. Il secoua la poignée en appelant Doreen, mais il n'y eut pas de réponse. Puis il l'entendit faire un numéro de téléphone.

Comme si ça n'allait pas assez mal, voilà que Vance était là dans la foule qui encombrait l'appartement. Vance, adjoint au Procureur régional et qui de toute façon le détestait cordialement. Vance qui était assez malin pour démolir sans difficulté son histoire de cambrioleur et qui avait appris que le visiteur de Selvey était attendu. Vance, qui se réjouirait de le voir dans de sales draps.

Mais Vance n'avait pas l'air de se réjouir. Il paraissait étonné. Il fixa le corps sans vie allongé par terre dans l'appartement de Selvey et déclara : « Je ne comprends pas, Warren, je ne comprends vraiment pas. Pourquoi avoir tué ce vieux type inoffensif ? »

« Inoffensif ? INOFFENSIF ? »

« Mais oui, inoffensif. C'est le vieil Arlington, je le reconnaîtrais n'importe où. »

« Vous le connaissez ? » Selvey était abasourdi.

« Bien sûr. Je l'ai rencontré alors que je travaillais hors du Comté de Bellaire. Un vieux cinglé qui passe son temps à avouer des meurtres. Mais pourquoi le tuer, Warren, pour quelle raison ? »

---

de grands yeux. Prép. **at** ; cf. **to look at, glance at sth.**
9. **I don't get it** : **to get** a souvent le sens de *comprendre, saisir*. **(Have you) got it ?** *(Vous avez) compris ?*
10. **for** : notez le rejet de la prép. en fin de phrase.
11. **I'd know him** : I would know him.
12. **to stun** : 1) *abasourdir, stupéfier* ; 2) *étourdir*.
13. **crazy old guy goes around** : the crazy old guy goes around, ou a crazy old guy who goes around, etc.
14. **confessing to murders** : **to confess** se construit avec un complément indirect ; **to confess to a crime**, *avouer un crime*. S'il est suivi d'un verbe, celui-ci, introduit par la préposition **to**, est donc à la forme en **-ing** : **he confessed to stealing the handbag**, *il a reconnu avoir volé le sac à main*.

Révisions

Vous avez rencontré dans la nouvelle que vous venez de lire l'équivalent des expressions françaises suivantes. Vous en souvenez-vous ?

1. Coupable des faits qui lui sont reprochés.
2. Il ne réussit pas à s'enfuir.
3. Il avait eu des résultats médiocres à la Faculté de droit.
4. Je me suis dit que j'allais vous demander conseil.
5. De quoi parlez-vous ?
6. Je n'aurais pas dû le faire.
7. Réglez la note et gardez la monnaie.
8. Cet homme est un témoin important dans l'affaire dont je m'occupe.
9. « Légitime défense ! » cria-t-il. « Il est entré par effraction. »
10. Prenez le métro et descendez à la 86ᵉ Rue.
11. Il se dirigea vers la porte en titubant.
12. Ce vieux cinglé ! Je le reconnaîtrais n'importe où !

1. Guilty as charged.
2. He didn't make good his escape.
3. He had a mediocre law-school record.
4. I thought I'd ask your advice.
5. What are you talking about ?
6. I shouldn't have done it.
7. Pay the bill and keep the change.
8. This man is an important witness in the case I'm handling.
9. "Self-defense !" he shouted. "He broke in here."
10. Take the subway and get off at 86th Street.
11. He staggered towards the door.
12. That crazy old guy ! I'd know him any place !

LAWRENCE BLOCK

GOOD FOR THE SOUL

Pour la paix de l'âme

In the morning, Warren Cuttleton left his furnished room on West Eighty-third Street and walked over to Broadway. It was a clear day, cool, but not cold, bright, but not dazzling [1]. At the corner, Mr. Cuttleton bought a copy [2] of *The Daily Mirror* from [3] the blind newsdealer who sold him a paper every morning and who, contrary to established stereotype, recognized him by neither voice nor step. He took [4] his paper to the cafeteria where he always ate breakfast, kept it tucked tidily [5] under his arm while he bought a sweet roll [6] and a cup of coffee, and sat down alone at a small table to eat the roll, drink the coffee, and read *The Daily Mirror* cover to cover.

When he reached page three, he stopped eating the roll and set the coffee aside [7]. He read a story [8] about a woman who had been killed the evening before in Central Park. The woman, named Margaret Waldek, had worked [9] as a nurse's aide at Flower Fifth Avenue Hospital. At midnight her shift [10] had ended. On her way home through the park, someone had thrown her down, assaulted [11] her, and stabbed her far too many times [12] in the chest and abdomen. There was a long and rather colorful story to this effect, coupled with a moderately grisly [13] picture of the late Margaret Waldek. Warren Cuttleton read the story and looked at the grisly picture.

And remembered.

The memory rushed upon him with the speed of a rumor. A walk through the park. The night air.

---

1. **dazzling** : to dazzle, *éblouir, aveugler*.
2. **a copy** : m. à m. : *un exemplaire, un numéro.* Attention : *le numéro d'aujourd'hui,* today's issue.
3. **from** : *acheter qqch à qqn,* to buy sth from sbd.
4. **he took his paper to...** : m. à m. : *il emmena son journal.*
5. **kept it tucked tidily** : m. à m. : *le garda replié avec soin ;* to tuck : *replier, glisser ;* tidy : 1) *bien rangé, en bon ordre, bien tenu ;* 2) *ordonné, soigneux.*
6. **a sweet roll** : *petit pain rond sucré.*
7. **set the coffee aside** : m. à m. : *posa le café de côté.*
8. **he read a story** : m. à m. : *il lut une histoire.*
9. **had worked** : le plus-que-parfait — également utilisé pour les verbes qui suivent — marque l'antériorité des faits

Ce matin-là, Warren Cuttleton quitta sa chambre meublée de la 33ᵉ Rue Ouest et se rendit à pied à Broadway. Le ciel était clair, l'air frais mais pas froid, le soleil brillant sans être aveuglant.

Au coin de la rue, M. Cuttleton acheta le *Daily Mirror* au marchand de journaux aveugle qui le lui vendait tous les matins, et qui, contrairement au stéréotype, ne le reconnaissait ni au son de sa voix ni au bruit de ses pas. Il alla à la cafétéria où il déjeunait tous les matins, le journal bien plié sous le bras tandis qu'il achetait une brioche et une tasse de café ; il s'assit en solitaire à une petite table pour manger la brioche, boire le café et lire le *Daily Mirror* de la première à la dernière page.

En arrivant à la troisième page, il cessa de manger la brioche, et repoussa la tasse de café. Il était question d'une femme qui avait été assassinée le soir précédent à Central Park. Cette femme, du nom de Margaret Waldek, travaillait comme aide-infirmière à l'hôpital Flower de la 5ᵉ Avenue. Son service s'était terminé à minuit. Alors qu'elle traversait le parc pour rentrer chez elle, elle avait été jetée à terre, violentée, et poignardée un nombre bien inutile de fois à la poitrine et à l'abdomen. Cela faisait l'objet d'un long récit plutôt pittoresque illustré d'une photo modérément macabre de feu Margaret Waldek. Warren Cuttleton lut le récit et contempla la photographie macabre.

Et il se souvint.

Les souvenirs l'envahirent comme une rumeur soudaine. La promenade dans le parc. L'air de la nuit.

---

par rapport au moment du passé où se déroule le récit — et est d'autant plus justifié que Margaret Waldek est décédée.
10. **shift :** *équipe (parmi des équipes qui se succèdent pour assurer une tâche)* ; **night shift,** *équipe de nuit.* L'équipe sous l'angle de sa cohésion interne sera **team**.
11. **to assault :** *agresser, se livrer à des voies de fait.* Peut aussi indiquer *le viol* (**rape, to rape**) ou *la tentative de viol.*
12. **far too many times :** humour macabre ; signifie à la fois que ces coups étaient trop nombreux pour la santé de la victime, et qu'un nombre moindre aurait suffi à lui donner la mort.
13. **grisly :** *macabre, sinistre, affreux, horrible, épouvantable.* Indique la plupart du temps un mélange d'horreur et de dégoût.

A knife — long, cold — in one hand. The knife's handle moist with his own urgent[1] perspiration. The waiting, alone in the cold. Footsteps, then coming closer, and his own movement off the path and into the shadows[2], and the woman in view. And the awful fury of his attack, the fear and pain in the woman's face, her screams in his ears. And the knife, going up and coming down, rising and descending. The screams peaking[3] and abruptly ending. The blood.

He was dizzy[4]. He looked at his hand, expecting to see a knife glistening[5] there. He was holding two-thirds of a sweet roll. His fingers opened. The roll dropped a few inches to the tabletop. He thought that he was going to be sick, but this did not happen.

"Oh, God," he said, very softly. No one seemed to hear him. He said it again, somewhat[6] louder, and lit a cigarette with trembling hands. He tried to blow out the match and kept missing it[7]. He dropped the match to the floor and stepped on it and took a very large breath.

He had killed a woman. No one he knew[8], no one he had ever seen before. He was a word in headlines — fiend[9], attacker, killer. He was a murderer, and the police would find him and make him confess, and there would be a trial and a conviction[10] and an appeal and a denial[11] and a cell and a long walk[12] and an electrical jolt and then, mercifully, nothing at all.

---

1. **urgent :** 1) *urgent ;* 2) (comme ici) *qui pousse à l'action, qui incite à l'action immédiate.* To urge : *pousser, inciter, presser.*
2. **his own movement off the path... :** m. à m. : *son propre mouvement pour quitter l'allée et pénétrer dans l'ombre.*
3. **to peak :** *atteindre son point le plus haut, son sommet, son maximum ;* a peak, *une cime, un pic, un sommet.*
4. **dizzy :** to be dizzy, *avoir le vertige ; être pris d'étourdissement, de vertiges.*
5. **to glisten :** *briller d'un éclat argenté, étinceler, scintiller, miroiter.*
6. **somewhat :** *quelque peu, passablement, un peu.*
7. **and kept missing it :** to keep + verbe + -ing indique

Un couteau, long et froid, à la main. Le manche moite de transpiration nerveuse. L'attente, seul dans le froid. Des pas, qui se rapprochent, son propre bond hors de l'allée pour se tapir dans l'ombre, la femme maintenant en vue. Et la terrible furie de son attaque, la terreur et la souffrance sur le visage de la victime, ses cris lui transperçant les oreilles. Le couteau, vers le haut, vers le bas, montant et descendant. Les hurlements atteignant un paroxysme et cessant brutalement. Le sang.

Il fut pris de vertige. Il fixa sa main, s'attendant à y voir briller un couteau. Il tenait les deux tiers d'une brioche. Ses doigts s'ouvrirent. La brioche tomba de quelques centimètres sur le dessus de table. Il crut qu'il allait être pris de malaise, mais ce ne fut pas le cas. « Oh mon Dieu », dit-il, tout doucement.

Personne ne sembla l'entendre. « Oh mon Dieu », répéta-t-il, un peu plus fort, et il alluma une cigarette d'une main tremblante. Il essaya d'éteindre l'allumette en soufflant et s'y reprit à plusieurs fois, sans succès. Il la laissa tomber, l'écrasa du pied et respira très profondément.

Il avait assassiné une femme. Quelqu'un qu'il ne connaissait pas, qu'il n'avait jamais vu. Il était devenu un nom dans les gros titres : monstre, agresseur, assassin. C'était un meurtrier, et la police le retrouverait et le ferait avouer ; il y aurait un procès, une condamnation, et un appel rejeté ; puis une cellule, une longue marche, une secousse électrique et enfin, grâce à Dieu, plus rien.

---

la répétition ou la continuation d'une action. **To miss**, *manquer, rater*.
8. **no one he knew :** m. à m. : *pas qqn qu'il connaissait*.
9. **fiend** [fi:nd] : 1) *démon, diable* ; 2) (souvent utilisé pour un criminel « diabolique ») *monstre*. Ne pas confondre avec **friend** !
10. **conviction :** *condamnation* au sens juridique, *fait de reconnaître coupable.* **To convict sbd of a crime**, *reconnaître, déclarer qqn coupable d'un crime.* **A convict**, *un détenu, un condamné.*
11. **denial :** *dénégation, démenti, refus,* signifie ici que l'appel a été rejeté (**denied**).
12. **walk :** le l n'est pas prononcé. De même **talk, stalk** *(tige)*, etc.

He closed his eyes. His hands curled[1] up into fists, and he pressed his fists against his temples and took furious breaths. Why had he done it ? What was wrong with him ? Why, why, why had he killed ?

Why would *anyone*[2] kill ?

He sat at his table until he had smoked three cigarettes, lighting each new one from the butt of the one preceding it. When the last cigarette was quite finished, he got up from the table and went to the phone booth. He dropped a dime[3] and dialed a number and waited until someone answered the phone.

"Cuttleton," he said, "I won't be in[4] today. Not feeling well."

One of the office girls had taken the call. She said that it was too bad[5] and she hoped Mr. Cuttleton would be feeling better. He thanked her and rang off[6].

Not feeling well ! He had never called in sick[7] in the twenty-three years he had worked at the Bardell Company, except for two times when he had been running a fever[8]. They would believe him, of course. He did not lie and did not cheat and his employers knew this. But it bothered[9] him to lie to them.

But then it was no lie, he thought. He was not feeling well, not feeling well at all.

On the way back to his room he bought *The Daily News* and *The Herald Tribune* and *The Times*.

The News gave him no trouble, as it too had the story of the Waldek murder on page three[10], and ran a similar picture[11] and a similar text.

---

1. **to curl up :** *se pelotonner, se rouler, se mettre en boule.*
2. **anyone :** m. à m. : *pourquoi quiconque tuerait-il ?*
3. **he dropped a dime :** to drop, *lâcher, laisser tomber, mettre une pièce dans une fente ;* a dime, *pièce valant un dixième de dollar.*
4. **I won't be in :** to be in, *être présent ;* to be out, *être absent.* S'emploie aussi bien à propos du bureau que de son domicile.
5. **it was too bad :** it's too bad, expression usuelle signifiant *c'est bien dommage.*
6. **to ring off :** off indique que l'on met fin à la communication ; ring fait allusion à la sonnerie qui se produit quand on raccroche.

Il ferma les yeux. Il serra les poings, les pressa contre ses tempes et respira à grands coups. Pourquoi avait-il fait ça ? Qu'avait-il donc ? Pourquoi, mais pourquoi, avait-il tué ?

Qu'est-ce qui poussait quelqu'un à tuer ?

Il resta assis à sa table jusqu'à ce qu'il eût fumé trois cigarettes, allumant la nouvelle avec le mégot de la précédente. Quand il eut complètement fini la troisième, il se leva et se dirigea vers la cabine téléphonique. Il mit une pièce, composa un numéro et attendit que quelqu'un réponde.

« Cuttleton », dit-il. « Je ne viendrai pas aujourd'hui. Je ne me sens pas bien. »

C'était une des secrétaires qui avait pris l'appel. Elle répondit qu'elle était désolée et qu'elle espérait que M. Cuttleton irait mieux. Il la remercia et raccrocha.

Lui, ne pas se sentir bien ! Il n'avait jamais manqué une journée pour raison de santé en 23 ans au service de la Société Bardell, sauf deux fois où il avait eu de la fièvre. On le croirait, bien entendu. Il ne mentait ni ne trichait jamais et ses employeurs le savaient. Mais cela le gênait de leur mentir.

Mais en fait ce n'était pas un mensonge, pensa-t-il. Il ne se sentait pas bien, vraiment pas bien.

En retournant vers sa chambre il acheta le *Daily News*, le *Herald Tribune* et le *Times*.

Il n'eut pas de peine à trouver le récit du meurtre dans le *Daily News*, qui en rendait également compte en page 3, avec une photo et dans un style similaires.

---

7. **to call in sick :** *téléphoner* (to call in) *pour dire que l'on est malade.*
8. **to run a fever :** *avoir de la fièvre.* He has been running a fever, *il a de la fièvre* (depuis un certain temps). He had been running a fever, *il avait de la fièvre.* Même emploi de l'indéfini a dans to have a temperature, *avoir de la température.*
9. **to bother :** *ennuyer, tracasser, embêter.*
10. **on page three :** notez l'emploi de la préposition on.
11. **ran a similar picture :** to run a souvent le sens de *faire paraître, publier un article, une photo dans un journal.* Cf. plus bas : the Post ran an interview...

It was harder to find the stories in *The Times* and *The Herald Tribune*; both of those papers buried[1] the murder story deep in the second section, as if it were trivial. He could not understand that.

That evening he bought *The Journal American* and *The World Telegram* and *The Post*. *The Post* ran an interview with Margaret Waldek's half-sister, a very sad interview indeed. Warren Cuttleton wept[2] as he read it, shedding tears in equal measure for Margaret Waldek and for himself.

At seven o'clock, he told himself that he was surely doomed[3]. He had killed and he would be killed in return.

At nine o'clock, he thought that he might get away with it[4]. He gathered[5] from the newspaper stories that the police had no substantial clues[6]. Fingerprints were not mentioned[7], but he knew for a fact that his own fingerprints were not on file[8] anywhere. He had never been fingerprinted. So, unless someone had seen him, the police would have no way to connect him with the murder. And he could not remember having been seen by anyone.

He went to bed at midnight. He slept fitfully[9], reliving every unpleasant detail of the night before — the footsteps, the attack, the knife, the blood, his flight from the park. He awoke for the last time at seven o'clock, woke[10] at the peak of a nightmare with sweat streaming[11] from every pore.

Surely there was no escape if he dreamed those dreams[12] night after endless night.

---

1. **to bury** : *enterrer, ensevelir, inhumer,* Δ pron. ['beri].
2. **wept** : de to weep, wept, wept, *pleurer, verser des larmes.*
3. **doomed** : to doom, *condamner.* Doom, *destin* (funeste), *sort malheureux, fatalité, perte, ruine.* Doomsday, the Day of doom, *le (jour du) Jugement Dernier.*
4. **to get away with it** : *s'en tirer,* au sens de ne pas payer le prix de la faute commise, ne pas être sanctionné.
5. **to gather** : 1) *(se) rassembler, (se) réunir, s'accumuler* ; 2) *ramasser, cueillir* ; 3) *conclure, comprendre, déduire.*
6. **clue** : *indice, indication, fil directeur.* I have no clue, *je n'(en) ai pas la moindre idée.*
7. **mentioned** : Δ orthographe : un seul n car l'accent

Il eut plus de mal à le découvrir dans le *Times* et le *Herald Tribune,* qui tous deux l'avaient enfoui dans leurs dernières pages, comme s'il s'agissait d'un événement banal. Il en fut choqué.

Dans la soirée il acheta *The Journal American, The World Telegram* et *The Post.* Le *Post* donnait une interview de la demi-sœur de Margaret Waldek, une interview bien pénible. Warren Cuttleton pleura en la lisant, versant des larmes sur lui-même autant que sur Margaret Waldek.

A sept heures du soir, il se dit qu'il était sûrement condamné. Il avait tué et il serait tué en retour.

A neuf heures, il pensait qu'il pourrait s'en tirer. Il déduisait de la lecture des journaux que la police ne disposait pas d'indices sérieux. On ne parlait pas d'empreintes digitales, mais il savait avec certitude que les siennes n'étaient enregistrées nulle part. On n'avait jamais pris ses empreintes. Donc, à moins que quelqu'un ne l'ait vu, la police n'avait aucun moyen de remonter jusqu'à lui. Et il ne se souvenait pas d'avoir été vu par quiconque.

Il se mit au lit à minuit. Il dormit par à-coups, revivant tous les pénibles détails de la nuit précédente : les pas qui s'approchaient, l'attaque, le couteau, le sang, sa fuite du parc. Il se réveilla définitivement à sept heures, au plus fort d'un cauchemar, la sueur perlant de tous ses pores.

Il n'y avait pas d'issue, s'il faisait ces cauchemars nuit après nuit, interminablement.

---

tonique tombe sur la première syllabe.
8. **on file :** de file, *dossier ;* to be on file, *figurer sur un dossier, être fiché.*
9. **fitfully :** *par accès, par à-coups, irrégulièrement.*
10. **awoke, woke :** to awoke, awoke, awoken (ou awaked, awaked) et to wake, woke, woken (ou waked, waked) signifient l'un et l'autre *s'éveiller.* Mais alors que **to wake (up)** signifie aussi *réveiller qqn,* **to awake** + complément signifie *éveiller qqch* (curiosité, etc.).
11. **sweat streaming :** Δ prononciation [swet]. La faute traditionnelle des Français est de prononcer comme **sweet** [swi:t]. La bonne prononciation de **sweat shirt** est [swet ʃɜ:rt]. **To stream,** *couler, ruisseler.*
12. l'anglais n'a pas les mêmes réticences que le français devant la répétition de mots de même racine ou du même mot.

He was no psychopath[1] ; right and wrong had a great deal of personal meaning to him. Redemption in the embrace of an electrified chair seemed the least horrible of all possible punishments. He no longer wanted to get away with the murder. He wanted to get away *from* it.

He went outside and bought a paper. There had been no developments in the case. He read an interview in *The Mirror* with Margaret Waldek's little niece, and it made him cry.

He had never been to the police station before. It stood only a few blocks[2] from his rooming house but he had never passed it, and he had to look up its address[3] in the telephone directory. When he got there, he stumbled[4] around aimlessly[5] looking for someone in a little authority. He finally located the Desk Sergeant[6] and explained that he wanted to see someone about the Waldek killing.

"Waldek," the Desk Sergeant said.

"The woman in the park."

"Oh. Information ?[7]"

"Yes," Mr. Cuttleton said.

He waited on a wooden bench while the Desk Sergeant called upstairs[8] to find out who had the Waldek thing. Then the Desk Sergeant told him to go upstairs where he would see[9] a Sergeant Rooker[10]. He did this.

---

1. **psychopath :** *malade mental* (du grec psukhé, *âme*, et pathos, *souffrance*).
2. **blocks :** la construction géométrique des villes américaines fait que l'on se repère par blocs d'immeubles.
3. **address :** Δ orthographe : deux d.
4. **he stumbled around aimlessly :** to stumble : 1) *trébucher ;* 2.) (ici) *hésiter*.
5. **aimlessly :** *sans but, au hasard*.
6. **Desk Sergeant :** Δ prononciation [ˈsɑːrdʒənt]. Desk : bureau auquel se tient le service de garde, de permanence.
7. **Information :** Δ ce mot est toujours singulier. *Les renseignements sont disponibles...* information **is** available. Lorsqu'on a vraiment besoin de traduire ou d'exprimer *un renseignement* on utilisera **a piece of information**. En pratique, ce cas se pose rarement, le collectif singulier

Ce n'était pas un psychopathe. Il attachait une grande importance à la distinction entre le bien et le mal. Le rachat dans les bras de la chaise électrique lui semblait le moins horrible de tous les châtiments possibles. Il ne voulait plus éviter les conséquences du meurtre, il voulait échapper à l'obsession de son crime.

Il sortit et acheta un journal. Il n'y avait pas d'éléments nouveaux dans l'affaire. Il lut dans le *Mirror* une interview de la petite nièce de Margaret Waldek qui le fit pleurer.

C'était la première fois qu'il allait au commissariat. Celui-ci n'était séparé de son meublé que par quelques immeubles, mais il n'était jamais passé devant et il dut en chercher l'adresse dans l'annuaire téléphonique. Quand il y arriva il erra un certain temps à la recherche d'un responsable quelconque. Il trouva finalement le Sergent de garde et lui expliqua qu'il voulait voir quelqu'un au sujet du meurtre de Margaret Waldek.

« Waldek », dit le Sergent.

« La femme assassinée dans le parc. »

« Oh. Des renseignements ? »

« Oui », répondit Cuttleton.

Il attendit sur un banc de bois tandis que le Sergent de garde appelait l'étage au-dessus pour savoir qui était sur l'affaire Waldek. Puis le Sergent lui dit de monter voir un certain Sergent Rooker. Ce qu'il fit.

---

information faisant aussi bien l'affaire : *je voudrais un renseignement sûr,* **I'd like to have (some) information on...**
8. **called upstairs :** ici, **to call** signifie évidemment *appeler au téléphone.* Distinguer **to call sbd (on the phone)**, de **to call on sbd** *(rendre visite à qqn).* Lorsqu'il n'y a pas de complément, seul le contexte donne le sens : **when did she call ?** *Quand a-t-elle appelé ?* ou *quand est-elle passée ?*
9. **where he would see :** *où il verrait.* Style indirect au passé. Le style direct au présent serait : **go upstairs where you will see...**
10. **a Sergeant Rooker :** **a** devant **Mr., Mrs., Miss,** ou devant un titre signifie *un certain, une certaine :* **a Mr. Thomson, a Miss Brown, a Doctor Smith.**

Rooker was a young man with a thoughtful face. He said yes, he was in charge of the Waldek killing, and just to start things off[1], could he have name and address and some other details ?

Warren Cuttleton gave him all the details he wanted.

Rooker wrote them all down with a ball-point pen on a sheet of yellow foolscap[2]. Then he looked up thoughtfully.

"Well, that's out of the way[3]," he said. "Now what have you got for us ?"

"Myself," Mr. Cuttleton said. And when Sergeant Rooker frowned curiously, he explained, "I did it. I killed that woman, that Margaret Waldek, I did it."

Sergeant Rooker and another policeman took him into a private room[4] and asked him a great many questions[5]. He explained everything exactly as he remembered it, from beginning to end. He told them the whole[6] story, trying his best to avoid[7] breaking down at the more horrible parts. He only broke down[8] twice. He did not cry at those times, but his chest filled[9] and his throat closed and he found it temporarily impossible to go on.

Questions —

"Where did you get the knife ?"

"A store. A five-and-ten[10]."

"Where ?"

"On Columbus Avenue."

"Remember the store ?"

---

1. **off** : cette postposition indique souvent le départ et donc le commencement ; **off we go** ! *nous voilà partis !* To be off to a bad start, *mal démarrer, mal commencer, être mal parti*.

2. **foolscap** : *papier écolier* (où apparaissait à l'origine, en filigrane, une tête de fou avec son bonnet).

3. **out of the way** : ici au sens de *nous voilà débarrassés de cela, c'est écarté ;* to be in someone's way, *gêner le passage, empêcher de passer*, etc. Autres sens de **out of the way** : *éloigné, à l'écart*.

4. **private room** : il s'agit d'un *bureau particulier*, qui n'est pas normalement ouvert au public.

5. **asked him a great many question** : *poser une question à qqn*, to ask someone a question (Δ pas de préposition !)

6. **whole** : Δ prononciation [həul] ; comme **hole**, *trou*.

Rooker était un homme jeune au visage pensif. Il dit que oui, c'était bien lui qui s'occupait du meurtre, et, juste pour commencer, Cuttleton pouvait-il lui donner son nom, son adresse et quelques autres détails ?

Warren Cuttleton lui donna tous les renseignements qu'il demandait.

Rooker en prit note avec un stylo-bille sur une feuille jaune de papier d'écolier. Puis il leva les yeux d'un air songeur.

« Bon, voilà qui est fait », dit-il. « Alors, qu'est-ce que vous nous apportez ? »

« Moi », répondit Cuttleton. Et devant le froncement étonné de Rooker il précisa : « C'est moi. J'ai tué cette femme, cette Margaret Waldek. C'est moi. »

Le Sergent Rooker et un autre policier l'emmenèrent dans un bureau et lui posèrent un grand nombre de questions. Il décrivit les faits exactement comme il s'en souvenait, du début à la fin. Il leur raconta toute l'histoire, en essayant désespérément de ne pas s'effondrer aux moments les plus horribles. Il ne craqua que deux fois, sans pleurer, mais la poitrine si oppressée et la gorge si serrée qu'il lui était momentanément impossible de continuer.

Questions :

« Où vous êtes-vous procuré le couteau ? »

« Dans un magasin. Un Prisunic. »

« Où ? »

« Dans l'Avenue Columbus. »

« Vous souvenez-vous du magasin ? »

---

7. **trying his best to avoid breaking down :** *faisant de son mieux pour éviter de s'effondrer ; éviter de* + verbe : to avoid + verbe + -ing.
8. **to break down :** cf. to have a nervous breakdown : *avoir, faire, une dépression nerveuse ;* premier sens de **to break down** : *tomber en panne ;* a **breakdown**, *une panne*.
9. **filled :** m. à m. : *se remplissait, se gonflait.*
10. **five-and-ten :** magasin vendant des articles à 5 ou 10 cents. Par extension, sorte de *bazar à bon marché*.

He remembered the counter, a salesman, remembered paying for the knife[1] and carrying it away. He did not remember which store it had been[2].

"Why did you do it ?"

"I don't know."

"Why the Waldek woman ?"

"She just... came along."

"Why did you attack her ?"

"I wanted to. Something... came over me. Some need, I didn't understand it then, I don't understand it now. Compulsion[3]. I just had to do it !"

"Why kill her[4] ?"

"It happened that way. I killed her, the knife, up, down. That was why I bought the knife. To kill her."

"You planned it ?"

"Just... hazily[5]."

"Where's the knife ?"

"Gone. Away. Down a sewer."

"What sewer ?"

"I don't remember. Somewhere."

"You got blood[6] on your clothes. You must have, she bled[7] like a flood[8]. Your clothes[9] at home ?"

"I got rid of them."

"Where ? Down a sewer ?"

"Look[10], Ray, you don't third-degree[11] a guy when he's trying to confess something."

"I'm sorry. Cuttleton, are the clothes around your building ?"

---

1. **paying for the knife :** ∆ *payer un achat,* to pay for a purchase ; *payer une somme,* to pay a sum.

2. **which store it had been :** m. à m. : *quel magasin cela avait été.*

3. **compulsion :** *contrainte.* Cf. **compulsory,** *obligatoire.*

4. **why kill her :** infinitif sans to après why. Why not do it now ? *Pourquoi ne pas le faire maintenant ?*

5. **hazily :** *vaguement.* De **haze,** *brume, vapeur,* d'où incertitude.

6. **blood :** ∆ prononciation [blʌd].

7. **to bleed, bled, bled :** *saigner, perdre son sang.*

8. **flood :** *inondation.* Avec une majuscule, **the Flood,** *le Déluge.* ∆ pron. [flʌd], rime avec **blood.**

9. **clothes :** pron. [kləuðz] : le « e » entre « th » et « s » ne se prononce pas (contrairement à la tendance des

Il se souvenait du comptoir, du vendeur, il se souvenait d'avoir payé et emmené le couteau. Il ne se rappelait plus dans quel magasin.

« Pourquoi avez-vous fait ça ? »

« Je ne sais pas ! »

« Pourquoi cette femme, Margaret Waldek ? »

« Elle s'est trouvée passer à ce moment-là. »

« Pourquoi l'avez-vous agressée ? »

« Je le voulais. Quelque chose qui s'est emparé de moi. Un besoin que je ne comprenais pas, auquel je ne comprends toujours rien. Irrésistible. Il fallait que je le fasse, c'est tout. »

« Pourquoi l'avoir tuée ? »

« C'est arrivé comme ça. Je l'ai tuée, le couteau qui montait, qui descendait. C'est pour ça que j'ai acheté le couteau. Pour la tuer. »

« C'était prémédité ? »

« Juste... confusément. »

« Où est le couteau ? »

« Disparu. Jeté. Dans une bouche d'égout. »

« Laquelle ? »

« Je ne sais plus. Quelque part. »

« Il y a eu du sang sur vos vêtements. Il doit y en avoir, elle a saigné comme un bœuf. Vos vêtements sont chez vous ? »

« Je m'en suis débarrassé. »

« Où ? Dans une bouche d'égout ? »

« Dis donc, Ray, on ne s'acharne pas comme ça sur un type qui essaie d'avouer quelque chose. »

« Désolé. Cuttleton, est-ce que les vêtements sont quelque part dans votre immeuble ? »

Français...). Notez le style familier, sans verbe, dans **your clothes at home** ?

10. **look :** utilisé pour attirer l'attention ou pour faire des remontrances : *Écoute, dis-donc, regarde, tiens, allons,* etc.

11. **third-degree :** *troisième degré.* Fait de harceler un suspect de questions pour le faire avouer. Peut aussi signifier *« passage à tabac »*. Employé ici comme verbe.

He had vague memories, something about[1] burning. "An incinerator," he said.

"The incinerator in your building?"

"No. Some other building, there isn't any incinerator where I live. I went home and changed[2], I remember it, and I bundled up[3] the clothes and ran into another building and put everything in an incinerator and ran back to my room. I washed. There was blood under my fingernails. I remember it."

They had him take off his shirt[4]. They looked at his arms and his chest and his face and his neck.

"No scratches," Sergeant Rooker said. "Not a mark, and she had stuff[5] under her nails, from scratching."

"Ray, she could have scratched herself."

"Mmmm. Or he mends[6] quick[7]. Come on, Cuttleton."

They went to a room, fingerprinted him, took his picture, and booked[8] him on suspicion of murder. Sergeant Rooker told him that he could call a lawyer if he wanted one. He did not know any lawyers. There had been a lawyer who had notarized a paper for him once, long ago, but he did not remember the man's name.

They took him to a cell. He went inside, and they closed the door and locked it. He sat down on a stool and smoked a cigarette. His hands did not shake now for the first time in almost twenty-seven hours[9].

---

1. **sth about :** m. à m. : *il avait de vagues souvenirs, qqch à propos de brûler.*
2. **changed :** Δ prononciation de to change, a change [tʃeindʒ] ; de même **range**, *portée ;* **strange**, *étrange ;* **stranger**, *étranger.*
3. **to bundle up :** *empaqueter, mettre en paquet ;* a bundle, *un paquet, un ballot, une liasse.*
4. **they had him take off his shirt :** *faire faire qqch à qqn :* to have sbd do sth. Notez l'emploi de to have + infinitif sans to.
5. **stuff :** *matière, substance.* Souvent très familier, au sens de *chose, truc, machin, camelote.*
6. **to mend :** 1) *réparer, raccommoder, arranger, améliorer, corriger ;* 2) *se réparer, s'arranger, s'améliorer.*

Il se souvenait vaguement d'avoir fait brûler quelque chose.

« Un incinérateur », dit-il.

« Celui de votre immeuble ? »

« Non. Dans un autre immeuble. Il n'y en a pas là où j'habite. Je suis rentré et je me suis changé, je m'en souviens. J'ai fait un paquet de mes vêtements, je me suis précipité dans un autre immeuble. J'ai tout mis dans l'incinérateur et je suis rentré en courant. Je me suis lavé. Il y avait du sang sous mes ongles, je m'en souviens. »

Ils lui firent retirer sa chemise. Ils examinèrent ses bras, sa poitrine, son visage et son cou.

« Pas d'écorchures », dit le Sergent Rooker.

« Pas une trace, alors qu'elle avait des morceaux de peau sous les ongles, d'avoir griffé. »

« Ray, elle a pu se gratter elle-même. »

« Hum. Ou alors il cicatrise vite. Venez, Cuttleton. »

Ils allèrent dans un autre bureau, prirent ses empreintes, le photographièrent et le mirent en état d'arrestation comme meurtrier présumé. Le Sergent Rooker lui dit qu'il pouvait appeler un avocat s'il le désirait. Il ne connaissait pas d'avocat. Il y en avait bien un qui lui avait certifié un document dans le temps, mais il ne se souvenait plus de son nom.

Ils le conduisirent à une cellule. Il y pénétra, ils repoussèrent la porte et la fermèrent à clé. Il s'assit sur un tabouret et fuma une cigarette. Ses mains ne tremblaient plus, pour la première fois en près de 27 heures.

Employé ici de façon humoristique au sens de *(se) cicatriser* (to heal).
7. **quick** : familier pour **quickly**.
8. **to book** : 1) *inscrire, enregistrer* (commande, etc.) ; 2) *retenir, réserver* (chambre d'hôtel, billet, etc.) (emploi surtout britannique) ; 3) (ici) *prendre le nom d'un suspect* et faire figurer les charges provisoirement retenues contre lui dans le registre d'un commissariat. S'accompagne en général de garde à vue.
9. **hours** : ∆ pron. de **hour** ['auər]. Le « h » n'est pas prononcé dans de très rares cas en anglais : **hour** et **hourly**, **honor, honest, heir, heiress** (*héritier, héritière,* etc.)

Four hours later Sergeant Rooker and the other policeman came into his cell. Rooker said : "You didn't kill that woman, Mr. Cuttleton. Now why did you tell us you did[1] ?"

He stared[2] at them.

"First, you had an alibi and you didn't mention it. You went to a double feature[3] at Loew's Eighty-third, the cashier recognized you from a picture and remembered you bought a ticket at 9:30. An usher[4] also recognized you and remembers you tripped on your way to the men's room and he had to give you a hand[5], and that was after midnight. You went straight to your room, one of the women lives[6] downstairs remembers that. The fellow down the hall from you[7] swears you were in your room by one and never left it and the lights were out fifteen minutes after you got here. Now why in the name of heaven did you tell us you killed that woman ?"

This was incredible. He did not remember any movies. He did not remember buying[8] a ticket, or tripping on the way to the men's room. Nothing like that. He remembered only the lurking[9] and the footsteps and the attack, the knife and the screams, the knife down a sewer and the clothes in some incinerator and washing away the blood.

"More. We got what must be the killer. A man named Alex Kanster, convicted[10] on two counts[11] of attempted assault.

---

1. **did** : reprend le verbe to kill.
2. **to stare** : *regarder fixement, ouvrir de grands yeux*. Indique l'étonnement ou l'incrédulité. Complément introduit par at normal pour verbes indiquant le fait de *regarder* : **to look, gaze** *(avec fixité)*, **glare** *(avec colère)* **at someone, sth**.
3. **double feature** : programme comportant deux longs métrages. **Feature**, *trait caractéristique*. **Main feature**, *élément principal*. **Feature film**, *long métrage, grand film* (par opposition aux actualités, à un court métrage).
4. **usher** : *huissier* ; aussi *ouvreur, ouvreuse*. Au féminin, on trouve souvent **usherette**. **To usher**, *introduire, faire entrer*.
5. **to give a hand** : *aider, donner un coup de main*.

Quatre heures plus tard le Sergent Rooker et l'autre policier entrèrent dans sa cellule. Rooker déclara : « Vous n'avez pas assassiné cette femme, M. Cuttleton. Pourquoi nous avoir dit que vous l'aviez fait ? »

Il les regarda fixement.

« Pour commencer, vous aviez un alibi et vous ne l'avez pas signalé. Vous êtes allé au cinéma Loew's dans la 83ᵉ Rue pour y voir un programme de deux longs métrages ; le caissier a reconnu votre photo et s'est souvenu que vous aviez acheté un billet à 9 h 30. Un ouvreur vous a également reconnu et se rappelle que vous avez trébuché en allant aux toilettes et qu'il a dû vous empêcher de tomber, alors qu'il était plus de minuit. En rentrant, vous êtes allé directement à votre chambre, selon le témoignage d'une des femmes qui logent au rez-de-chaussée. Le type qui habite au fond du même couloir que vous jure que vous étiez dans votre chambre à une heure et n'en êtes pas sorti, et que les lumières se sont éteintes un quart d'heure après votre retour. Alors pourquoi au nom du ciel nous avez-vous dit que vous aviez tué cette femme ? »

C'était incroyable. Il ne se souvenait d'aucun film ni d'avoir acheté un billet, ni d'avoir trébuché en allant aux toilettes. Rien de semblable. Il ne se souvenait que de son attente, des bruits de pas et de l'attaque, du couteau et des hurlements ; d'avoir jeté le couteau dans la bouche d'égout et les vêtements dans un incinérateur, et de s'être lavé pour faire disparaître le sang.

« Mieux encore. Nous avons mis la main sur l'assassin probable. Un nommé Alex Kanster, déjà condamné pour deux tentatives d'agression.

---

6. **lives :** style parlé très familier. Il manque le relatif : **one of the women who live(s)...**
7. **down the hall from you :** *au fond du couloir par rapport à vous* (à votre chambre).
8. **remember buying :** au sens de *se souvenir d'un acte passé*, **to remember** + verbe à la forme en **-ing** ; au sens de *ne pas oublier de faire*, **to remember** plus verbe à l'infinitif avec **to**. *N'oublie pas d'acheter des œufs*, **don't forget to buy eggs**.
9. **to lurk :** *se tapir, rôder.*
10. **to convict :** *reconnaître coupable.*
11. **count :** *chef d'inculpation.*

We picked him up on a routine check and found a bloody knife under his pillow and his face torn[1] and scratched, and I'll give three-to-one[2] he's confessed by now, and he killed the Waldek woman and you didn't, so why the confession ? Why give us trouble ? Why lie[3] ?"

"I don't lie," Mr. Cuttleton said.

Rooker opened his mouth[4] and closed it. The other policeman said, "Ray, I've got an idea. Get someone who knows how to administer a polygraph[5] thing."

He was very confused. They led him to another room and strapped[6] him to an odd machine with a graph[7], and they asked him questions. What was his name ? How old was he ? Where did he work ? Did he kill the Waldek woman ? How much was[8] four and four ? Where did he buy the knife ? What was his middle name ? Where did he put his clothes ?

"Nothing," the other policeman said. "No reaction. See ? He *believes* it, Ray."

"Maybe he just doesn't react to this. It doesn't work on everybody."

"So ask him to lie."

"Mr. Cuttleton," Sergeant Rooker said, "I'm going to ask you how much four and three is[9]. I want you to answer six. Just answer six."

"But it's seven."

"Say six anyway, Mr. Cuttleton."

"Oh."

---

1. **torn** : de to tear ['tɛər], tore, torn, *déchirer*.
2. **three-to-one** : *à trois contre un*.
3. **why lie ?** : infinitif sans to après why.
4. **his mouth** : notez l'emploi du possessif. De même, **she shook her head**, *elle hocha la tête*. Mais **he broke a leg** (car il y a deux jambes).
5. **polygraph** : instrument qui enregistre les variations du pouls, de la tension et du rythme respiratoire. Souvent utilisé au sens de *détecteur de mensonge* (**lie-detector**), dont la fiabilité est très contestée.
6. **to strap** : *attacher, lier, maintenir, avec une courroie* (**a strap**).
7. **graph** : *graphique, courbe, diagramme, barème*.

Nous l'avons ramassé lors d'un contrôle de routine. Nous avons trouvé un couteau taché de sang sous son oreiller, il avait le visage écorché et griffé, et je suis prêt à parier qu'il a déjà avoué et que c'est lui et pas vous qui a tué Margaret Waldek. Alors pourquoi vous êtes-vous accusé ? Pourquoi nous compliquer la vie ? Pourquoi mentir ? »

« Je ne mens pas », répondit M. Cuttleton.

Rooker ouvrit la bouche et la referma. L'autre policier dit : « Ray, j'ai une idée. Trouve quelqu'un qui sait faire passer un test au détecteur de mensonges. »

Cuttleton était tout désorienté. Ils l'emmenèrent dans une autre pièce, lui passèrent un harnachement qui le reliait à une étrange machine munie d'un enregistreur de courbes, et lui posèrent des questions. Quels étaient son nom, son âge ? Où travaillait-il ? Avait-il tué Margaret Waldek ? Combien faisaient 4 et 4 ? Où avait-il acheté le couteau ? Quel était son deuxième prénom ? Qu'avait-il fait de ses vêtements ?

« Rien », dit le second policier. « Aucune réaction. Tu vois ? Il croit ce qu'il dit, Ray. »

« Peut-être qu'il ne réagit pas à ce test. Ça ne marche pas avec tout le monde. »

« Alors demande-lui de mentir. »

« M. Cuttleton », dit le Sergent Rooker, « je vais vous demander combien font 4 et 3. Je veux que vous répondiez 6. Répondez simplement 6. »

« Mais ça fait sept. »

« Dites quand même 6, Monsieur Cuttleton. »

« Oh ! »

---

8. **how much was four and four :** notez l'emploi du verbe **to be** au singulier là où le français utilise *faire* au pluriel : *combien font 4 et 4 ?* **how much is four and four ?**

9. **how much four and three is :** remarquez la place du verbe en style indirect (**I'm going to ask you**). En style direct on aurait : **how much is four and three ?** De même **what does it mean ?** *Qu'est-ce que cela veut dire ?* mais **I don't know what it means**, *je ne sais pas ce que cela veut dire.*

"How much is four and three ?"

"Six."

He reacted, and heavily [1]. "What it is," the other cop [2] explained, "is he believes this, Ray. He didn't mean [3] to make trouble, he believes it, true or not. You know what an imagination does, how witnesses swear to [4] lies because they remember things wrong [5]. He read the story and he believed it all from the start."

They talked to him for a long time, Rooker and the other policeman, explaining every last bit of it. They told him he felt guilty, he had some repression deep down in his sad soul, and this made him believe that he had killed Mrs. Waldek when, in fact, he had not. For a long time he thought that they were crazy, but in time they proved to him that it was quite impossible for him to have done what he said he had done. It could not have happened that way, and they proved it, and there was no argument he could advance [6] to tear [7] down the proof they offered him. He had to believe it.

Well !

He believed them, he knew they were right and he — his memory — was wrong [8]. This did not change the fact that he remembered the killing. Every detail was still quite clear in his mind. This meant, obviously, that he was insane [9].

"Right about now," Sergeant Rooker said, perceptively [10], "you probably think you're crazy.

---

1. **he reacted and heavily :** m. à m. : *il* (Cuttleton) *réagit et fortement.*

2. **cop :** *flic.* Le terme est devenu si courant qu'il a perdu son caractère péjoratif.

3. **to mean :** 1) *signifier, vouloir dire ;* 2) *avoir l'intention de.*

4. **swear to lies :** to swear, swore, sworn, *jurer, prêter serment ;* lie, *mensonge ;* to swear to something, *attester, certifier qqch sous serment, jurer que c'est vrai.*

5. **they remember things wrong :** cf. to be wrong, *avoir tort, se tromper.* To do things wrong, *mal faire les choses* (autrement que de la façon dont elles devraient être faites).

6. **there was no argument he could advance :** *il n'y avait pas d'argument qu'il pût avancer.*

« Combien font 4 et 3 ? »

« Six. »

La machine enregistra une forte réaction. « Ce qui se passe », expliqua le second policier, « c'est qu'il croit à son histoire, Ray. Il ne voulait pas faire le malin, il y croit, vraie ou fausse. Tu sais ce que peut faire l'imagination, comment des témoins mentent sous serment parce que leurs souvenirs sont erronés. Il a lu l'histoire et dès le départ il a cru que c'était lui. »

Rooker et l'autre policier lui parlèrent longuement, expliquant tous les détails de sa situation. Ils lui dirent qu'il se sentait coupable, qu'il réprimait quelque chose au tréfonds de son âme mélancolique, et que cela lui faisait croire qu'il avait assassiné Mme Waldek alors qu'en fait il n'en était rien. Pendant un long moment il pensa qu'ils étaient fous, mais ils finirent par lui prouver qu'il lui avait été totalement impossible de faire ce qu'il disait avoir fait. Ça ne pouvait pas s'être produit de cette façon, démontrèrent-ils, et il ne disposait d'aucun argument pour détruire les preuves qu'ils lui fournissaient. Il était obligé de les admettre.

Eh bien !

Il les croyait, il savait qu'ils avaient raison et que sa mémoire le trompait. Cela ne changeait rien au fait qu'il se souvenait du meurtre. Tous les détails étaient encore imprimés dans son esprit. Ce qui signifiait, bien évidemment, qu'il était fou.

« Juste en ce moment », dit le Sergent Rooker avec perspicacité, « vous pensez probablement que vous êtes cinglé.

---

7. **to tear, tore, torn :** *déchirer*, se prononce [tɛər] à la différence de **a tear** [tiər], *une larme*.
8. **he — his memory — was wrong :** m. à m. : *lui — sa mémoire — avait tort, se trompait.*
9. **insane :** *fou* au sens clinique, *aliéné*. Autres termes : **crazy**, souvent avec nuance d'extravagance, **mad**, souvent avec le sens de furie ou de colère. Noms : **a lunatic** *(un aliéné)* ; **a madman** *(un fou furieux)* ; **a fool**, *un imbécile, un sot, un idiot, un niais.*
10. **perceptively :** to be perceptive, *faire preuve d'intuition, de pénétration, de finesse de perception.*

Don't worry about it, Mr. Cuttleton. This confession urge[1] isn't as uncommon as you might think. Every publicized[2] killing brings us a dozen[3] confessions, with some of them[4] dead sure they really dit it. You[5] have the urge to kill locked up inside somewhere, you feel guilty about it, so you confess to what you maybe wanted to do deep in your mind[6] but would never really do. We get this all the time. Not many of them are as sure of it as you, as clear on everything. The lie detector is what got to me[7]. But don't worry about being crazy, it's nothing you can't control[8]. Just don't sweat it[9]."

"Psychological[10]," the other policeman said.

"You'll probably have this bit[11] again," Rooker went on. "Don't let it get to you. Just ride it out[12] and remember you couldn't possibly kill anybody and you'll get through all right. But no more confessions. Okay ?"

For a time he felt like a stupid child. Then he felt relieved, tremendously relieved. There would be no electrified chair. There would be no perpetual burden of guilt.

That night he slept. No dreams[13].

That was March[14]. Four months[15] later, in July, it happened again.

---

1. **urge** : *impulsion, élan, besoin irréfléchi.*
2. **to publicize** : *rendre public, faire connaître au public.*
3. **a dozen confessions** : notez l'absence d'article après dozen. ∆ **dozen** : invariable (vu son rôle d'adjectif) dans des constructions du genre : **two dozen eggs**, *deux douzaines d'œufs*.
4. **them** : style relâché. Le sens renvoie aux auteurs des aveux, et non aux aveux mêmes.
5. **you** : valeur générale, comme le *on* français.
6. **deep in your mind** : m. à m. : *profondément dans votre esprit.*
7. **what got to me** : sens (U.S.) de **to get to** + personne : *avoir de l'effet sur, influencer.*
8. **about being crazy...** : m. à m. : *ne craignez pas d'être cinglé, ce n'est rien que vous ne puissiez contrôler.*
9. **don't sweat it** : au sens (vulgaire) d'« en baver » [swet].
10. **psychological** : ∆ le **p** n'est pas prononcé [ˌsaɪ-kəˈlɔdʒɪkl].

Ne vous tracassez pas comme ça, Monsieur Cuttleton. Ce besoin d'avouer n'est pas aussi rare que vous pourriez le croire. L'annonce d'un assassinat nous amène régulièrement une douzaine d'aveux spontanés, certains de leurs auteurs croyant dur comme fer à leur propre culpabilité. Ils ont l'envie de tuer enfouie quelque part au fond d'eux-mêmes, ça leur donne un sentiment de culpabilité, alors ils avouent ce qui est peut-être chez eux un désir profond, mais qui ne se traduirait jamais en acte véritable. On voit ça tout le temps. Il n'y en a pas beaucoup qui y croient aussi fermement que vous vous, et qui sont si précis sur les détails. Ce test au détecteur de mensonges m'a impressionné. Mais ne vous en faites pas, vous n'êtes pas fou, vous devez pouvoir contrôler ça. Surtout ne prenez pas ça au tragique. »

« C'est psychologique », dit l'autre policier.

« Ça vous arrivera probablement à nouveau », continua Rooker. « Ne vous y laissez pas prendre. Résistez en vous rappelant que vous seriez incapable de tuer qui que ce soit, et vous surmonterez la crise. Mais fini les aveux. D'accord ? »

Pendant un moment, il eut l'impression d'être un enfant stupide. Puis il se sentit soulagé ; formidablement soulagé. Il n'y aurait pas de chaise électrique. Il n'aurait pas à supporter le fardeau permanent de sa culpabilité.

Cette nuit-là il dormit d'un sommeil profond, sans cauchemars.

Tout cela se passait au mois de mars. Quatre mois plus tard, en juillet, ça recommença.

---

11. **bit :** *bout, morceau,* d'où (familièrement) *passage, accès, période.*
12. **to ride out :** *surmonter* (a storm, a crisis, *une tempête, une crise*).
13. **dreams :** traduit par *cauchemar,* comme dans le passage de la page 56-57 où Cuttleton revit le meurtre. En effet **a dream** peut être **a bad dream** ou **nightmare,** *cauchemar.*
14. **March :** majuscule obligatoire pour les noms de mois (et de jours).
15. **months** [mʌnθs] : ne pas prononcer avec un **e** intercalaire entre **th** et **s,** comme le font trop de Français.

He awoke, he went downstairs, he walked to the corner, he bought *The Daily Mirror*, he sat down at a table with his sweet roll and his coffee, he opened the paper to page three, and he read about a schoolgirl[1], fourteen, who had walked home the night before in Astoria[2] and who had not reached her home because some man had dragged her into an alley[3] and had slashed[4] her throat open with a straight[5] razor. There was a grisly picture of the girl's body, her throat cut from ear to ear.

Memory, like a stroke of white lightning across a flat black sky[6]. Memory, illuminating all.

He remembered the razor in his hand, the girl struggling in his grasp. He remembered the soft feel of her frightened young flesh, the moans she made, the incredible supply of blood that poured forth from her wounded throat.

The memory was so real that it was several moments before he remembered that his rush of awful memory was not a new phenomenon. He recalled that other memory, in March, and remembered[7] it again. That had been false. This, obviously, was false as well.

But it could not be false. He *remembered* it. Every detail, so clear, so crystal clear.

He fought with himself, telling himself that Sergeant Rooker had told him to expect a repeat[8] performance[9] of this false-confession impulse. But logic can have little effect upon the certain mind.

---

1. **a schoolgirl, fourteen :** *une écolière âgée de 14 ans.* ▲ four, fourteen, mais 40 = forty.
2. **Astoria :** quartier populaire situé dans le Queens (une des divisions administratives de New York, cf. note 6, page 78).
3. **alley :** *ruelle, passage.* Désigne souvent, en américain, une petite rue latérale débouchant sur un axe plus important. A blind alley, *une impasse.*
4. **to slash :** *taillader, trancher, déchirer avec une lame ; cingler d'un coup de fouet.*
5. **straight razor :** *rasoir à manche.* Distinguer de **safety razor**, *rasoir mécanique.*
6. **a flat black sky :** notez cette possibilité qu'a l'anglais d'utiliser plusieurs adjectifs sans ponctuation ni conjonction de coordination. Flat, *plat,* signifie aussi : *invariable,*

Il se réveilla, descendit au rez-de-chaussée, marcha jusqu'au coin de la rue, acheta le *Daily Mirror,* et prit place à une table avec sa brioche et son café, il ouvrit le journal à la troisième page et lut l'histoire d'une étudiante de quatorze ans qui rentrait à pied chez elle à Astoria, la veille au soir ; elle ne devait jamais y parvenir car un individu l'avait traînée dans une ruelle et lui avait tranché la gorge avec un rasoir. On voyait une photo horrible du corps de la jeune fille, la gorge ouverte d'une oreille à l'autre.

La mémoire lui revint, tel un éclair déchirant un ciel uniformément noir. Les souvenirs affluèrent.

Il se revit le rasoir à la main, la jeune fille tentant d'échapper à son étreinte. Il sentit à nouveau la douceur de cette jeune chair terrorisée, il entendit ses gémissements, il fut frappé de l'incroyable quantité de sang qui s'écoulait de sa blessure.

Ses souvenirs étaient si vifs qu'il lui fallut un certain temps pour se rappeler que cet afflux d'images terribles n'était pas un phénomène nouveau. Il se souvint d'avoir eu des souvenirs semblables au mois de mars, et en revit les détails. Ils s'étaient révélés faux. Cette fois-ci, c'était certain, il en allait de même.

Et pourtant ça ne pouvait pas être faux. Il s'en souvenait, jusqu'au moindre détail, avec une netteté absolue.

Il lutta contre lui-même, se rappelant que le Sergent Rooker lui avait dit de s'attendre à un nouvel accès d'auto-accusation. Mais la logique n'a que peu d'effet sur les convictions profondes.

---

uniforme. Ex. : a flat rate, *un taux uniforme.*
7. **he recalled that other memory and remembered :** to **recall** et to **remember** sont souvent synonymes au sens de *se souvenir.* Ils sont ici employés avec des sens un peu différents : appel conscient à la mémoire pour **recall,** visualisation spontanée des souvenirs pour **remember.**
8. **repeat :** cf. **repeat order,** *commande renouvelée.*
9. **performance :** ▲ ce mot peut être en anglais positif ou négatif, selon le contexte ; **to perform,** *accomplir, effectuer, exécuter, se comporter.* Attention par conséquent à la traduction du français *performant* que l'on rendra selon les contextes par **high-performing, efficient, successful,** etc. ; **the certain mind,** *l'esprit sûr de son fait.* Notez l'emploi de l'article : *l'esprit,* **the mind ;** *le corps,* **the body.**

If one[1] holds a rose in one's hand, and feels that rose, and smells the sweetness of it, and is hurt by the prick[2] of its thorns, all the rational thought in creation will not serve to sway[3] one's conviction that this rose is a reality. And a rose in memory is as unshakable[4] as a rose in hand.

Warren Cuttleton went to work that day[5]. It did him no good, and did his employers no good either, since he could not begin to concentrate on the papers on his desk. He could only think of the foul[6] killing of Sandra Gitler. He knew that he could not possibly have killed the girl. He knew, too, that he had done so.

An office girl[7] asked him if he was feeling well, he looked all concerned and unhappy and everything. A partner in the firm asked him if he had had a physical checkup[8] recently. At five o'clock he went home. He had to fight with himself to stay away from the police station, but he stayed away[9].

The dreams were very vivid. He awoke again and again. Once he cried out[10]. In the morning, when he gave up the attempt to sleep, his sheets were wet with his perspiration. It had soaked[11] through to the mattress. He took a long, shivering[12] shower and dressed. He went downstairs, and he walked[13] to the police station.

Last time, he had confessed. They had proved him innocent.

---

1. **if one :** one s'emploie au sens de *on* pour exprimer une vérité générale ou un fort degré d'abstraction : **one cannot deny that,** *on ne saurait nier que ;* **one never knows,** *on ne sait jamais.*

2. **hurt by the prick :** m. à m. : *blessé par le piquant. Épine,* thorn.

3. **to sway :** 1) *(se) balancer ;* 2) *diriger, gouverner ;* 3) *influencer, faire pencher, entraîner.*

4. **unshakable, unshakeable :** *inébranlable, à toute épreuve.*

5. **that day :** suivi d'un jour, d'un mois, d'une année, etc., that renvoie au passé, alors que this renverrait au présent.

6. **foul :** 1) *répugnant, repoussant, infect, immonde ;* 2) (ici) *infâme, odieux ;* 3) *déloyal, illicite.*

7. **office girl :** *employée de bureau.*

Si vous tenez une rose à la main, que vous sentez son contact et la douceur de son parfum, et que vous vous blessez à ses épines, toute la rationalité du monde ne parviendra pas à détruire votre certitude que cette rose existe vraiment.

Et le souvenir d'une rose peut être aussi solidement enraciné que la rose elle-même.

Cette fois, Warren Cuttleton alla au travail. Cela ne lui servit à rien, pas plus qu'à ses employeurs d'ailleurs, car il ne parvenait même pas à un commencement de concentration sur les documents posés sur son bureau. Il ne pouvait détacher son esprit du meurtre atroce de Sandra Gitler. Il savait qu'il était matériellement impossible qu'il l'eût tuée. Il savait aussi qu'il l'avait tuée.

Une secrétaire lui demanda s'il allait bien, il avait l'air si soucieux et malheureux et tout ça. Un des associés de la Société voulut savoir s'il avait passé un contrôle médical récemment. A cinq heures il rentra chez lui. Il dut résister pour ne pas se rendre au commissariat, mais il tint bon.

Il eut des cauchemars très réalistes. A plusieurs reprises il se réveilla en sursaut. Une fois il poussa même un cri. Au matin quand il renonça à trouver le sommeil, ses draps étaient trempés de sueur, qui avait pénétré jusqu'au matelas. Il resta longtemps à frissonner sous la douche avant de s'habiller. Puis il descendit et se rendit au commissariat de police.

La fois précédente, il avait avoué. Ils avaient établi son innocence.

---

8. **checkup** : cf. le verbe to check up, *vérifier, contrôler*.
9. **to stay away (from sth)** : *rester à l'écart, ne pas venir, ne pas se rendre à*.
10. **he cried out** : la postposition out indique qu'il s'agit bien de *crier*, et non pas de pleurer.
11. **to soak** : *tremper, détremper, imbiber, imprégner*.
12. **to shiver** : *trembler* (de froid, de fièvre ou de peur).
13. **he walked to...** : l'anglais indique naturellement la façon dont on se rend quelque part : **to walk to a place, to drive to it,** etc. ; la préposition indiquant le déplacement et le verbe la façon dont il s'opère.

It seemed impossible that they could have been wrong, just as it seemed impossible that he could have killed Sandra Gitler, but perhaps Sergeant Rooker could lay the girl's ghost [1] for him. The confession, the proof of his own real innocence — then he could sleep at night once again.

He did not stop to talk [2] to the Desk Sergeant. He went directly upstairs and found Rooker, who blinked [3] at him.

"Warren Cuttleton," Sergeant Rooker said. "A confession ?"

"I tried not to come [4]. Yesterday, I remembered killing [5] the girl in Queens [6]. I know I did it, and I know I couldn't have done it, but —"

"You're sure you did it."

"Yes."

Sergeant Rooker understood. He led Cuttleton to a room, not a cell, and told him to stay there for a moment [7]. He came back a few moments later.

"I called Queens Homicide," he said. "Found [8] out a few things about the murder, some things that didn't get into the paper. Do you remember carving [9] something into the girl's belly [10] ?"

He remembered. The razor, slicing [11] through her bare flesh, carving something.

"What did you carve [12], Mr. Cuttleton ?"

"I... I can't remember, exactly."

"You carved 'I love you.' Do you remember ?"

---

1. **could lay the girl's ghost :** to lay a ghost, *conjurer, exorciser un esprit, chasser un fantôme.* De **to lay** (laid, laid), *abattre, terrasser.*
2. **he did not stop to talk :** m. à m. : *il ne s'arrêta pas pour parler.* Notez la différence avec **he did not stop talking**, qui voudrait dire : *il n'arrêta pas de parler.*
3. **to blink :** 1) *cligner des yeux, battre des paupières, ciller ;* 2) (lumière) *clignoter.*
4. **I tried not to come :** l'infinitif négatif se forme simplement en plaçant **not** avant to.
5. **I remember killing :** *se souvenir, se rappeler avoir fait qqch :* **to remember** + verbe + **-ing**.
6. **Queens :** une des cinq divisions politico-administratives de New York (the Bronx, Manhattan, Brooklyn, Queens, Richmond).

Il semblait impossible qu'ils aient pu se tromper, tout comme il semblait impossible qu'il ait pu assassiner Sandra Gitler, mais peut-être le Sergent Rooker pourrait-il le débarrasser définitivement du fantôme de la jeune fille. Les aveux, la démonstration qu'il était vraiment innocent, et il pourrait à nouveau dormir en paix.

Il ne s'adressa pas au Sergent de garde. Il monta directement à l'étage et trouva Rooker, qui le regarda d'un air surpris.

« Warren Cuttleton, dit le Sergent. C'est pour des aveux ? »

« J'ai essayé de ne pas venir. Hier, je me suis souvenu d'avoir assassiné la jeune fille dans le Queens. Je sais que c'est moi, et je sais que ça ne peut pas être moi, mais ... »

« Vous êtes sûr que c'est vous ? »

« Oui. »

Le Sergent Rooker comprenait. Il conduisit Cuttleton à un bureau, pas une cellule, et lui dit d'y attendre un instant. Il revint au bout de quelque temps.

« J'ai appelé la Brigade Criminelle du Queens », dit-il. « J'ai appris sur le meurtre quelques détails que les journaux n'ont pas rapportés. Vous souvenez-vous d'avoir gravé quelque chose sur le ventre de la victime ? »

Il se souvint. Le rasoir — tailladant la peau pour y graver quelque chose.

« Qu'est-ce que c'était, Monsieur Cuttleton ? »

« Je ... Je ne me souviens pas exactement. »

« Vous avez gravé "je t'aime". Vous vous souvenez ? »

---

7. **moment** : en général plus bref que le français *moment*. D'où la traduction par *instant*. **Just a moment**, *juste un instant* ; **only this moment**, *juste à l'instant* ; **a moment ago**, *il y a un instant*.
8. **found out** : ellipse de style parlé : **I found out**.
9. **to carve** : 1) *sculpter, graver, ciseler* ; 2) *découper* (la viande, une volaille).
10. **belly** : *ventre*. Le mot est cru en anglais. On lui préfère en général **stomach**.
11. **to slice** : 1) *tailler, découper en tranches* ; 2) *fendre, couper, inciser*.
12. **what did you carve** : m. à m. : *qu'avez-vous gravé ?*

Yes, he remembered. Carving "I love you," carving those three words into that tender flesh, proving that his horrid[1] act was an act of love as well as an act of destruction. Oh, he remembered. It was clear in his mind, like a well-washed window[2].

"Mr. Cuttleton. Mr. Cuttleton, that wasn't what was carved in the girl. Mr. Cuttleton, the words were unprintable, the first word[3] was unprintable, the second word was 'you.' Not 'I love you,' something else. That was why they kept it out of the papers, that and to keep off[4] false confessions, which is, believe me, a good idea. Your memory picked up on that the minute I said it, like the power of suggestion. It didn't happen[5], just like[6] you never touched that girl, but something got triggered[7] in your head so you snapped[8] it up and remembered it like[9] you remembered everything you read[10] in the paper, the same thing."

For several moments he sat looking at his fingernails while Sergeant Rooker sat looking at him. Then he said, slowly, "I knew all along I couldn't have done it. But that didn't help."

"I see."

"I had to prove it. You can't remember something, every last bit of it[11], and then just tell yourself that you're crazy. That it simply did not happen. I couldn't sleep."

"Well[12]."

---

1. **horrid** : *abominable, affreux, détestable, révoltant*, insiste sur le caractère choquant de l'acte et la répulsion qu'il inspire.
2. **a well-washed window** : m. à m. : *une fenêtre bien lavée.*
3. **the first word** : les deux mots suggérés en anglais sont "fuck you" ; to fuck, *baiser* ; fuck you, *va te faire foutre*, etc. La traduction littérale est impossible : d'où le « *sale pute* » suggéré ici.
4. **to keep off** : m. à m. : *tenir à l'écart ;* signifie aussi *rester à l'écart.*
5. **it didn't happen...** : m. à m. : *ça n'est jamais arrivé, juste comme vous n'avez jamais touché à cette fille.*
6. **like you never touched** : selon la grammaire traditionnelle, on emploie like devant un nom ou un pronom, **as**

Oui, il s'en souvenait. Il avait gravé « je t'aime », il avait gravé ces trois mots dans la chair tendre, prouvant que son acte abominable était un acte d'amour en même temps qu'un acte de destruction. Oh il s'en souvenait. Sa mémoire était claire et limpide.

« Monsieur Cuttleton ! Ça n'était pas ça, Monsieur Cuttleton. C'étaient des mots qu'on ne peut pas imprimer. Le premier était « sale », le deuxième se terminait par « ute ». Rien à voir avec je t'aime. C'est pour ça que ça n'était pas dans les journaux, pour ça, et aussi pour éviter les faux aveux, ce qui, croyez-moi, est une bonne idée. Votre mémoire s'est immédiatement emparée des mots que j'ai prononcés — c'est de l'auto-suggestion. Vous n'avez rien fait de tel, pas plus que vous n'avez touché à cette jeune fille, mais quelque chose s'est déclenché dans votre tête, alors vous avez sauté sur ce détail et vous vous en êtes souvenu comme vous vous êtes souvenu de tout ce que vous avez lu dans le journal, pareil. »

Cuttleton resta un long moment à contempler ses ongles, sous l'œil de Rooker assis en face de lui. Puis il déclara, posément : « Je sais depuis le début que je ne pouvais pas avoir fait ça. Mais ça ne servait à rien. »

« Je comprends. »

« Il fallait que je le prouve. On ne peut pas se souvenir de quelque chose dans les moindres détails et simplement se dire qu'on est cinglé. Que ça n'est jamais arrivé. Je n'en dormais plus. »

« Oui ... »

---

devant un verbe ou un adverbe. Mais **like** devant un verbe est devenu d'un usage courant et admis en américain.

7. **to trigger,** de **trigger,** *queue de détente, gâchette qui libère le coup.*

8. **to snap up :** *happer, gober, saisir au vol, se jeter sur.*

9. **like :** voir note 6, ci-dessus, signifie ici **in the same way as.**

10. **read :** il s'agit ici du prétérit [red].

11. **every last bit of it :** formule familière qui cumule **the last bit** et **every bit. Bit,** *morceau, bout, élément.*

12. **well :** le sergent Rooker intervient surtout pour encourager Cuttleton à continuer. De même son **I see** quelques lignes plus haut.

"I had dreams. Reliving the whole thing in my dreams, like last time. I knew I shouldn't come here, that it's wasting your time. There's knowing and knowing, Sergeant."

"And you had to have it proved to you[1]."

He nodded miserably[2].

Sergeant Rooker told him it was nothing to sweat about, that it took some police time but that the police really had more time than some people thought, though they had less time than some other people thought, and that Mr. Cuttleton could come to him any time he had something to confess.

"Straight to me," Sergeant Rooker said. "That makes it easier, because I understand[3] you, what you go through[4], and some of the other boys who aren't[5] familiar might not understand."

He thanked Sergeant Rooker and shook hands[6] with him. He walked out of the station, striding along like an ancient mariner who had just had an albatross[7] removed from his shoulders. He slept that night, dreamlessly.

It happened again in August. A woman strangled to death in her apartment on West Twenty-seventh Street ; strangled with a piece of electrical wire. He remembered buying an extension cord[8] the day before for just that purpose.

This time he went to Rooker immediately. It was no problem at all.

---

1. m. à m. : *et il fallait que cela vous soit démontré.*
2. **miserably** : misery plutôt *la détresse* et *la souffrance* que *la misère* (poverty) ; miserable, *malheureux, pitoyable.*
3. **I understand you** : m. à m. : *je vous comprends.*
4. **what you go through** : *ce que vous vivez/supportez/endurez, ce par quoi vous passez.*
5. **aren't** : prononciation (U.S.) [aːrnt], (G.B.) [aːnt].
6. **to shake hands** : notez le pluriel hands ; *une poignée de main,* a handshake.
7. **an ancient mariner who had just had an albatross...** : allusion au fameux poème de Samuel Taylor Coleridge (poète romantique anglais 1772-1834) *The Rhyme of the ancient Mariner,* où un marin est l'objet d'une malédiction pour avoir tué un albatros.

« J'avais des cauchemars. J'y revivais toute la scène, comme l'autre fois. Je savais que je ne devrais pas venir ici, que ça vous fait perdre votre temps. Il y a savoir et savoir, Sergent. »

« Il fallait que quelqu'un vous fasse la démonstration. »

Il acquiesça d'un air malheureux.

Le Sergent Rooker lui dit qu'il ne fallait pas se tracasser, que ça prenait du temps à la police, mais que la police avait le temps (plus que ne le pensaient certains, même si c'était moins que d'autres ne le croyaient) et que M. Cuttleton pouvait venir le voir chaque fois qu'il aurait quelque chose à avouer.

« Moi directement », dit le Sergent Rooker. « Ça rend les choses plus faciles, parce que je vous connais, je sais ce que vous endurez, alors que certains de mes collègues qui n'ont pas l'habitude pourraient ne pas comprendre. »

Il remercia le Sergent Rooker et lui serra la main. Il sortit du commissariat en marchant à grandes enjambées, comme un vieux marin qui viendrait d'être libéré de la malédiction de l'albatros. Il dormit cette nuit-là d'un sommeil paisible.

Ça recommença au mois d'août. Une femme assassinée dans son appartement de la 27e Rue Ouest ; étranglée avec du fil électrique. Il se souvint d'avoir acheté une rallonge la veille dans ce but précis.

Cette fois il alla tout de suite voir Rooker. Il n'y avait pas de problème.

"God save thee, ancient Mariner
From the fiends that plague thee thus !
Why look'st thou so ?" — "With my cross-bow
I shot the Albatross."

*« Dieu te préserve, vieux marin,
des démons qui s'acharnent contre toi !
Pourquoi es-tu si accablé ? » — « Avec mon arbalète,
j'ai tué l'albatros. »*

Pour le punir d'avoir tué l'oiseau de bon augure, on lui suspend l'albatros autour du cou (d'où ici **removed from his shoulders**, *retiré de ses épaules*).

8. **extension cord :** *corde, cordon, ficelle, fil électrique muni de prise(s) à une ou aux deux extrémités.*

The police had caught the killer just minutes after[1] the late editions of the morning papers had been locked up and printed[2]. The janitor[3] did it, the janitor of the woman's building. They caught him and he confessed.

On a clear afternoon that followed on the heels[4] of a rainy morning in late September[5], Warren Cuttleton came home from the Bardell office and stopped at a Chinese[6] laundry to pick up his shirts. He carried his shirts around the corner[7] to a drugstore[8] on Amsterdam Avenue and bought a tin[9] of aspirin tablets. On the way back to his rooming house he passed — or started to pass[10] — a small hardware store.

Something happened.

He walked into the store in robotish fashion, as though some alien[11] had taken over control of his body, borrowing it for the time being. He waited patiently while the clerk[12] finished selling a can of putty to a flatnosed man. Then he bought an ice pick.

He went back to his room. He unpacked his shirts — six of them, white, stiffly[13] starched, each with the same conservative collar, each bought at the same small haberdashery[14] — and he packed them away in his dresser[15]. He took two of the aspirin tablets and put the tin in the top drawer of the dresser. He held the ice pick between his hands and rubbed his hands over it, feeling the smoothness of the wooden handle and stroking the cool[16] steel of the blade.

---

1. **minutes after** : remarquez l'absence d'article.
2. **locked up** : to lock up, *fixer les clichés sur les rotatives*.
3. **janitor** : *portier, gardien d'immeuble, concierge*.
4. **on the heels** : m. à m. : *sur les talons*.
5. **in late September** : notez la majuscule aux noms de mois, et l'absence d'article. *A la fin du mois d'août,* **in late August.**
6. **Chinese** : majuscule obligatoire pour les adjectifs de nationalité.
7. **around the corner** : m. à m. : *en tournant le coin*. Souvent utilisé pour indiquer la proximité : **the shop (a)round the corner,** *la boutique du coin*.
8. **drugstore** : *pharmacie qui vend aussi des journaux, des boissons non alcoolisées, de la confiserie, etc.*

La police avait arrêté l'assassin quelques minutes après la mise sous presse de la dernière édition des journaux du matin. C'était le concierge qui avait tué, le concierge de l'immeuble où habitait cette femme. Ils l'avaient appréhendé et il avait avoué.

Par un clair après-midi qui succédait à une matinée pluvieuse de la fin septembre, Warren Cuttleton, revenant de son bureau à la Société Bardell, s'arrêta dans une blanchisserie chinoise pour y prendre ses chemises. Puis il tourna dans l'avenue d'Amsterdam et entra dans une pharmacie pour y acheter une boîte de cachets d'aspirine. En revenant vers son meublé il passa devant une petite quincaillerie. Comme il longeait la vitrine, un déclic se produisit.

Il entra dans le magasin comme un robot, comme si une volonté étrangère s'était emparée de son corps, le lui empruntant pour l'instant. Il attendit patiemment que le vendeur ait fini de vendre un pot de mastic à un homme au nez épaté. Il acheta alors un pic à glace.

Il rentra chez lui et déballa ses chemises. Il y en avait six, blanches, fortement amidonnées, toutes avec le même col classique, et venant toutes de la même petite chemiserie. Il les rangea dans sa commode. Il prit deux cachets d'aspirine et mit la boîte dans le tiroir supérieur de la commode. Il prit le pic, passant les mains sur le manche de bois lisse, caressant l'acier froid de la lame.

---

9. **tin :** 1) *étain* ; 2) *boîte en fer blanc, boîte de conserve.*
10. **or started to pass :** to pass, *dépasser, passer devant.*
11. **alien :** *étranger,* personne qui appartient à un autre pays ou un autre monde.
12. **clerk :** 1) *employé de bureau* ; 2) (ici) *vendeur de magasin* ; prononciation (U.S.) [klɜ:rk], (G.B.) [klɑ:(r)k].
13. **stiffly :** de stiff, *raide, dur, ferme, rigide, inflexible.*
14. **haberdashery :** *mercerie, chemiserie.*
15. **dresser :** 1) *vaisselier* ; 2) (ici) *commode.*
16. **cool :** la perception des températures n'est pas toujours la même en anglais qu'en français. Hot, *chaud,* ira plus souvent jusqu'à *brûlant.* **Warm** peut correspondre à *chaud* (chaleur agréable) ou à *tiède,* quand ce dernier n'est pas péjoratif. **Cool** *(frais)* peut aussi indiquer un *froid* relatif.

He touched the tip of his thumb with the point of the blade and felt how deliciously sharp it was.

He put the ice pick in his pocket. He sat down and smoked a cigarette, slowly, and then he went downstairs and walked over to Broadway [1]. At Eighty-sixth Street he went downstairs into the IRT [2] station, dropped a token [3], passed through the turnstile [4]. He took a train uptown [5] to Washington Heights [6]. He left the train [7], walked to a small park. He stood [8] in the park for fifteen minutes, waiting.

He left the park. The air was chillier [9] now and the sky was quite dark. He went to a restaurant, a small diner [10] on Dyckman Avenue. He ordered the chopped sirloin [11], very well done, with French-fried potatoes and a cup of coffee. He enjoyed his meal very much.

In the men's room at the diner he took the ice pick from his pocket and caressed it once again. So very [12] sharp, so very strong. He smiled at the ice pick and kissed the tip of it with his lips parted so as to avoid pricking [13] himself. So very sharp, so very cool.

He paid his check and tipped the counterman and left the diner. Night now, cold enough to freeze the edge of thought [14]. He walked through lonely [15] streets. He found an alleyway. He waited, silent and still.

Time.

His eyes stayed on the mouth [16] of the alley. People passed — boys, girls, men, women. He did not move from his position. He was waiting. In time the right person would come.

---

1. **Broadway :** rue de New York où se trouvent la plupart des théâtres.
2. **I.R.T. :** Interborough Rail Transit ; cf. note 4 pp. 40-41.
3. **token :** 1) *signe, marque, témoignage, symbole ;* as a token of friendship, *en signe d'amitié ;* 2) (ici) *jeton* (de téléphone, métro, etc.).
4. **turnstile :** *tourniquet d'entrée* (stile, échalier).
5. **uptown :** *vers la périphérie, vers la banlieue* (par opposition à **downtown**).
6. **height :** *hauteur ;* prononciation [haɪt]. **Washington Heights :** situé dans Manhattan, en face du New Jersey.
7. **he left the train :** m. à m. : *il quitta le train ;* train désigne ici *une rame de métro.*

Il tâta la pointe du pic avec l'extrémité de son pouce, heureux de la sentir si pointue.

Il mit le pic dans sa poche. Il s'assit et fuma une cigarette en prenant son temps puis il descendit et marcha jusqu'à Broadway. A la 28ᵉ Rue il descendit dans la station de métro, et mit un jeton pour franchir le tourniquet. Il prit une rame en direction de la périphérie, jusqu'à la station de Washington Heights. Il sortit du métro, et se dirigea vers un petit parc où il attendit pendant un quart d'heure. Il s'éloigna du parc. L'air était plus frais et maintenant il faisait tout à fait sombre. Il entra dans un petit restaurant de quartier, Avenue Dyckman. Il commanda un steak haché, dans le faux-filet, bien cuit, avec des frites et une tasse de café. Il savoura son repas.

Dans les toilettes du restaurant, il sortit le pic de sa poche et le caressa à nouveau. Si pointu, si solide. Il lui sourit et en embrassa la pointe, lèvres entrouvertes pour ne pas s'y blesser. Tellement pointu, tellement frais.

Il régla la note, donna un pourboire au garçon du comptoir et quitta le restaurant. La nuit était tombée, froide au point d'engourdir l'esprit. Il parcourut des rues vides. Il trouva une ruelle. Il attendit, silencieux et immobile.

Le temps s'écoula.

Ses yeux restaient fixés sur l'entrée de la ruelle. Des gens passèrent — des jeunes gens, des jeunes filles, des hommes, des femmes. Il ne changeait pas de place. Il attendait. Le moment venu, la personne qu'il guettait serait là.

---

8. **he stood :** to stand, stood, stood, *se tenir, rester debout.*
9. **chillier :** comparatif de **chilly,** *frais, froid, frisquet.* Nettement plus froid que **cool,** qui signifie *frais* au sens de *rafraîchissant.*
10. **diner :** 1) *wagon-restaurant ;* 2) *(petit) restaurant* qui par sa disposition rappelle un wagon-restaurant ; 3) *dîneur.*
11. **chopped sirloin :** to chop, *couper, fendre, hacher ;* sirloin, *aloyau, faux-filet.*
12. **so very sharp :** so very + adj., *tellement.*
13. **to avoid pricking himself :** m. à m. : *pour éviter de se piquer.*
14. **the edge of thought :** m. à m. : *le rebord, le fil, le tranchant, les contours de la pensée.* Idée d'émousser, d'engourdir.
15. **lonely :** *solitaire.*
16. **mouth :** cf. note 10, pp. 88-89.

In time the streets would be clear except for that one person, and the time would be right, and it would happen. He would act. He would act fast.

He heard high heels tapping in staccato rhythm[1], approaching him. He heard nothing else, no cars, no alien feet[2]. Slowly, cautiously, he made his way toward the mouth of the alley. His eyes found the source of the tapping. A woman, a young woman, a pretty young woman with a curving body and a mass of jet-black hair and a raw[3] red mouth. A pretty woman, his woman, the right woman, this one, yes, now !

She moved within reach, her high-heeled shoes[4] never altering the rhythm of their tapping. He moved in liquid perfection[5]. One arm reached out, and a hand fastened[6] upon her face and covered[7] her raw red mouth. The other arm snaked[8] around her waist and tugged[9] at her. She was off-balance, she stumbled after him, she disappeared with him into the mouth[10] of the alley.

She might have screamed[11], but he banged her head on the cement[12] floor of the alley and her eyes went glassy[13]. She started to scream later, but he got a hand over her mouth and cut off the scream. She did not manage to bite him. He was careful.

Then, while she struggled, he drove the point of the ice pick precisely[14] into her heart[15].

He left her there, dead and turning cold. He dropped the ice pick into a sewer.

---

1. **rhythm :** △ orthographe **h** après le **r**.
2. **alien feet :** m. à m. : *pieds étrangers*.
3. **raw :** *cru, saignant, à vif*.
4. **high-heeled shoes :** *chaussures à hauts talons*.
5. **in liquid perfection :** liquid est souvent utilisé pour désigner la grâce, la fluidité, l'aisance d'un mouvement.
6. **to fasten :** *attacher, lier, fixer, s'attacher, se fixer*.
7. **and covered :** m. à m. : *et recouvrit*, etc.
8. **snaked :** to snake, verbe formé sur **snake**, *serpent ;* indique un mouvement d'ondulation, de faufilement ou, comme ici, celui du serpent qui enserre sa proie.
9. **to tug :** 1) *tirer, tirailler ;* 2) *traîner, remorquer*.
10. **mouth :** désigne souvent, comme ici, *l'entrée d'une*

Le moment venu, les rues seraient vides à l'exception de cette personne, l'instant serait propice, et « cela » se produirait. Il agirait. Il agirait vite.

Il entendit se rapprocher un claquement régulier de hauts talons. Il ne percevait aucun autre bruit, ni voiture, ni passant importun. Lentement, avec prudence, il se déplaça vers l'entrée de la ruelle. Il identifia du regard la source du martèlement. Une femme, une jeune femme, une jolie jeune femme aux courbes harmonieuses, avec une masse de cheveux d'un noir de jais et une bouche rouge comme du sang. Une belle femme, rien que pour lui, celle qu'il attendait, celle-là, oui, maintenant !

Elle arriva à sa portée, ses hauts talons frappant toujours le sol avec la même régularité. Il agit comme une mécanique parfaitement huilée. Son bras jaillit et sa main se plaqua sur le visage à la bouche rouge sang. De son autre bras il lui entoura la taille et la tira vers lui. Déséquilibrée, elle trébucha à sa suite pour disparaître avec lui dans l'obscurité de la ruelle.

Sans doute aurait-elle crié, mais il lui cogna la tête contre le sol en ciment de la ruelle et ses yeux devinrent vitreux. Elle se mit à crier par la suite, mais il lui mit une main sur la bouche pour étouffer le cri. Elle ne réussit pas à le mordre. Il y veillait.

Alors, tandis qu'elle se débattait, il la frappa en plein cœur avec la pointe du pic à glace.

Il l'abandonna là, déjà envahie par le froid de la mort. Il se débarrassa du pic à glace dans une bouche d'égout.

---

rue, d'un tunnel, etc. ; aussi, *embouchure de rivière.*
11. **she might have screamed :** *elle aurait peut-être crié.*
12. **cement :** prononciation [sɪ'ment].
13. **went glassy :** to go signifie *devenir,* dans des expressions comme to go mad, *devenir fou ;* to go pale, *pâlir ;* to go blind, *devenir aveugle ;* to go broke (fam.), *se retrouver sans le sou, faire faillite.*
14. **precisely** [prɪ'saɪslɪ] : ▲le **s** se prononce **s** et non **z**. ▲ pour traduire *préciser,* dire **to specify, to stipulate**.
15. **heart :** prononciation [hɑːrt].

He found the subway arcade[1] and rode[2] the IRT back to where he had come from, went to his room, washed hands and face, got into bed and slept. He slept very well and did not dream, not at all.

When he woke up in the morning at his usual time, he felt as he always felt, cool and fresh[3] and ready for the day's work. He showered and he dressed and he went downstairs, and he bought a copy[4] of *The Daily Mirror* from the blind newsdealer.

He read the item[5]. A young exotic dancer named Mona More had been attacked in Washington Heights and had been stabbed to death[6] with an ice pick.

He remembered. In an instant it all came back, the girl's body, the ice pick, murder —

He gritted[7] his teeth together until they ached. The realism of it all! He wondered if a psychiatrist[8] could do anything about it. But psychiatrists were so painfully expensive[9], and he had his own psychiatrist, his personal, and no-charge psychiatrist, his Sergeant Rooker.

But he remembered it! Everything, buying the ice pick, throwing the girl down, stabbing her —

He took a very deep breath. It was time to be methodical about this[10], he realized. He went to the telephone and called his office. "Cuttleton here," he said. "I'll be late today, an hour or so. A doctor's appointment. I'll be in as soon as I can[11]."

"It's nothing serious?"

---

1. **arcade** : *arcade, voûte*. Désigne souvent une *galerie marchande*. Aussi **penny arcade**, *salle, galerie de machines à sous*.
2. **rode** : **to ride, I rode, ridden** est le verbe utilisé pour les déplacements dans les transports en commun : **to ride a bus, a train**, etc.
3. **cool and fresh** : signifient l'un et l'autre *frais*. Mais **cool** se réfère à la température ou au fait d'être détendu ou de sang-froid, alors que **fresh** indique le caractère *récent* (**fresh news**) ou le fait d'être *alerte, reposé*.
4. **copy** : *numéro* au sens d'*exemplaire* (numéro de tel jour, telle semaine, **issue**).
5. **item** : *article* (parmi d'autres articles), *élément* (parmi d'autres éléments).
6. **stabbed to death** : *poignardée à mort*.

Il trouva l'entrée de la station et reprit le métro jusqu'à son point de départ, regagna sa chambre, se lava les mains et le visage, se mit au lit et s'endormit. Il dormit fort bien, sans faire le moindre cauchemar.

Quand il se réveilla le matin, à son heure habituelle, il se sentit comme à l'accoutumée frais et dispos, prêt à accomplir sa journée de travail. Il prit une douche, s'habilla, descendit et acheta le *Daily Mirror* au marchand de journaux aveugle.

Il lut l'article. Une jeune danseuse de cabaret nommée Mona More avait été attaquée à Washington Heights et assassinée avec un pic à glace.

Il se souvint. En un instant il revit toute la scène, le corps de la fille, le pic à glace, le meurtre ...

Il serra les dents jusqu'à avoir mal. Incroyable de réalisme ! Il se demanda si un psychiatre pourrait y faire quelque chose. Mais les psychiatres coûtaient terriblement cher et n'avait-il pas son propre psychiatre, son psychiatre personnel et gratuit, le Sergent Rooker ?

Mais il se rappelait tout ! Il se revoyait achetant le pic à glace, jetant la fille à terre, la frappant au cœur ...

Il respira profondément. Il fallait faire preuve de méthode, conclut-il. Il alla au téléphone et appela son bureau. « Ici Cuttleton », dit-il. « Je serai en retard d'une heure ou deux. Un rendez-vous chez le médecin. J'arriverai aussi vite que je pourrai. »

« Ce n'est rien de grave ? »

---

7. **to grit :** *grincer, crisser.* **To grit one's teeth,** *grincer des dents.*
8. **psychiatrist :** ∆prononciation [saɪ'kaɪətrɪst] ; le **p** n'est pas prononcé (cf. **psychology**).
9. **so painfully expensive :** m. à m. : *si péniblement coûteux.*
10. **methodical about this :** m. à m. : *il était temps d'être méthodique à ce sujet.*
11. **as soon as I can :** présent anglais au lieu du futur français après **as soon as** (comme après **when** au sens de *lorsque*). **As soon as he comes,** *dès qu'il arrivera.* ∆**as soon as** est conjonction *(dès que)* et non préposition *(dès)*. *Dès 3 heures,* **as early as nine o'clock,** *dès 1930,* **as far back as 1930.**

"Oh, no," he said. "Nothing serious." And, really, he wasn't lying. After all, Sergeant Rooker did function as his personal psychiatrist, and a psychiatrist was a doctor. And he did have an appointment, a standing[1] appointment, for Sergeant Rooker had told him to come in whenever something like this happened. And it was nothing serious, that too was true, because he knew that he was really very innocent no matter how sure[2] his memory made him of his guilt[3].

Rooker almost smiled at him. "Well, look who's here[4]," he said. "I should have figured, Mr. Cuttleton. It's your kind of crime, isn't it ? A woman assaulted and killed, that's your trademark[5], right ?"

Warren Cuttleton could not quite smile. "I... the More girl. Mona More."

"Don't those strippers have wild names[6] ? Mona More. As in Mon Amour[7]. That's French."

"It is ?"

Sergeant Rooker nodded[8]. "And you did it," he said. "That's the story ?"

"I know I couldn't have, but —"

"You ought to quit reading the papers," Sergeant Rooker said. "Come on[9], let's get it out of your system[10]."

They went to the room[11]. Mr. Cuttleton sat in a straight-backed chair. Sergeant Rooker closed the door and stood at the desk. He said, "You killed the woman, didn't you ? Where did you get the ice pick ?"

---

1. **standing :** (ici) *permanent.* Cf. standing invitation, *invitation permanente ;* standing order, *ordre permanent.*
2. **no matter how sure :** no matter, *quel(le) que soit, quoi que ce soit ;* no matter when you do it, *quel que soit le moment où vous le fassiez ;* no matter what she says, *quoi qu'elle dise.* Souvent associé à how + adj. : no matter how unpleasant it is, *quelque déplaisant que ce soit.*
3. **guilt :** *culpabilité.* To be guilty of a crime, an offence *être coupable d'un délit, d'un crime. Un coupable :* **culprit** ['kʌlprit].
4. **look who's here :** locution familière de surprise ou surprise feinte. *Regardez qui est là ! Vous ici !* etc.
5. **trademark :** *marque de fabrique ;* registered trademark

« Oh non », dit-il. « Rien de sérieux. » Et en vérité, il ne mentait pas. Après tout, le Sergent Rooker jouait bien le rôle de son psychiatre particulier, et un psychiatre, c'était un médecin. Il était également vrai qu'il avait rendez-vous, un rendez-vous auquel il pouvait se rendre à tout moment, puisque le Sergent Rooker lui avait dit de venir le voir chaque fois que quelque chose de ce genre lui arriverait. Et ce n'était pas grave, là non plus il ne mentait pas, puisqu'il savait qu'il était en fait totalement innocent, malgré la certitude de culpabilité que lui inspirait sa mémoire.

Rooker ébaucha un sourire en le voyant. « Eh bien, regardez qui arrive ! » dit-il. « J'aurais dû m'en douter. C'est votre type de meurtre, n'est-ce pas ? Une femme agressée et assassinée, c'est votre signature, hein ? »

Warren Cuttleton ne parvint pas tout à fait à sourire.

« Je... la fille More. Mona More. »

« Ces strip-teaseuses ont vraiment de drôles de noms ! Mona More, comme dans Mon Amour. C'est du français. »

« Ah bon ? »

Le Sergent Rooker acquiesça. « Alors c'est vous le coupable », dit-il. « C'est ça l'histoire ? »

« Je sais que ce n'est pas possible mais ... »

« Vous devriez cesser de lire les journaux. Allons, essayons de vous chasser ça de l'esprit. » Ils allèrent dans la même pièce que la fois précédente. M. Cuttleton s'assit sur une chaise à dossier droit. Le Sergent Rooker ferma la porte et resta debout près du bureau. Il déclara : « Vous avez tué cette femme, c'est ça ? Où vous êtes-vous procuré le pic à glace ? »

---

marque déposée. Par extension, trait caractéristique, d'où la traduction par *signature*.

6. **wild names :** wild signifie ici *fou*, insensé. Cf. **wild talk**, *propos insensés ;* **wild exaggeration**, *exagération insensée*.

7. **mon amour :** avec l'accent U.S., même prononciation que mona more.

8. **to nod :** *hocher la tête en signe d'acquiescement*.

9. **come on :** *venez, allons-y*. Utilisé pour encourager, apaiser ou amener à faire preuve de compréhension.

10. **get it out of your system :** formule fréquente, *idée de se débarrasser d'une obsession*, « d'oublier ça », de « ne plus y penser ».

11. **the room :** l'article défini **the** identifie avec une grande précision. Cf. **here is the man !** *voici l'homme que je cherche*.

"A hardware store."
"Any special one[1]?"
"It was on Amsterdam Avenue."
"Why an ice pick?"
"It excited me, the handle was smooth and strong, and the blade was so sharp[2]."
"Where's the ice pick now?"
"I threw it in a sewer."
"Well, that's no switch[3]. There must have been a lot of blood, stabbing[4] her with an ice pick. Loads[5] of blood?"
"Yes."
"Your clothes get soaked[6] with it?"
"Yes." He remembered how the blood had been all over his clothes, how he had to hurry home and hope no one would see him.
"And the clothes?"
"In the incinerator."
"Not in your building, though[7]."
"No. No, I changed in my building and ran to some other building, I don't remember where, and threw the clothes down the incinerator."
Sergeant Rooker slapped his hand down on the desk. "This is getting too easy," he said. "Or I'm getting too good at it[8]. The stripper was stabbed in the heart with an ice pick. A tiny[9] wound and it caused death just about instantly.

---

1. **any special one** : *une en particulier.*
2. **the blade was so sharp** : m. à m. : *la lame était s aiguë, affutée.*
3. **that's no switch** : expression familière ; **switch**, *change ment*, en particulier modification d'un comportement habit uel. **To switch** : 1) *actionner un commutateur* (**on, off**) 2) *changer, passer de qqch à qqch d'autre.*
4. **to stab** : *poignarder, donner un coup de couteau ;* h **was stabbed to death,** *il a été tué, assassiné, d'un coup d couteau.*
5. **loads of** : **load**, *charge, chargement, fardeau, poids* **Loads of** (fam.) *de grandes quantités de, des tas de, de tonnes de.*

« Dans une quincaillerie. »
« Laquelle ? »
« Avenue d'Amsterdam. »
« Pourquoi un pic à glace ? »
« Ça m'inspirait, le manche était si lisse et si solide, la pointe si acérée. »
« Où est-il passé ? »
« Je l'ai jeté dans une bouche d'égout. »
« Ouais. C'est pas nouveau. Ça a dû saigner énormément, une blessure au pic à glace. Du sang partout ? »
« Oui. »
« Vos vêtements en étaient couverts ? »
« Oui. » Il revoyait ses vêtements trempés de sang, il se rappelait comment il lui avait fallu se précipiter chez lui en espérant que personne ne le verrait.
« Les vêtements ? »
« Dans l'incinérateur. »
« Pas celui de votre immeuble, hein ? »
« Non. Non, je me suis changé chez moi et j'ai couru jusqu'à un autre immeuble, je ne me souviens plus où et j'ai jeté les vêtements dans l'incinérateur. »

Le Sergent Rooker donna une grande claque sur le bureau.

« Ça devient trop facile », dit-il. « Ou je deviens trop fort à ce jeu-là. La strip-teaseuse a eu le cœur transpercé par un pic à glace. Une blessure avec un tout petit orifice et qui a causé une mort quasi instantanée.

---

6. **your clothes get soaked with it ?** : ellipse de **did** en début de phrase.
7. **though** : *cependant.*
8. **good at it** : notez l'emploi de la préposition **at**. *Être bon en anglais, en mathématiques,* **to be good at English, at maths (mathematics).**
9. **tiny** : *minuscule.*

Not a drop of blood. Dead bodies don't bleed, and wounds like that don't let go with much blood[1] anyhow, so your story falls apart like wet tissue[2]. Feel better[3] ?"

Warren Cuttleton nodded slowly. "But it seemed so horribly real," he said.

"It always does." Sergeant Rooker shook his head. "You poor son of a gun[4]," he said. "I wonder how long this is going to keep up." He grinned wryly[5]. "Much more of this and one of us is going to snap[6]."

---

1. **don't let go with much blood :** to let go a ici son sens médical : *émettre, dégager* (liquide, gaz), *suppurer, sécréter*. **Much**, surtout employé (comme ici) dans les tournures négatives. Autrement, **a lot of**.
2. **falls apart like wet tissue :** to fall apart, *tomber en morceaux ;* wet tissue, *papier de soie humide*.
3. **feel better ? :** familier pour **do you feel better** ?
4. **son of a gun :** utilisé ici de façon amicale (cf. **poor bastard**), mais peut dans d'autres contextes indiquer l'hostilité (cf. **son of a bitch**, m. à m. : *fils de chienne*).
5. **wryly :** de **wry** 1) *tordu, de travers ;* 2) (sourire, etc.) *forcé, mi-figue mi-raisin*.
6. **to snap :** *se casser net, se rompre avec un bruit sec, se rompre, se briser sous l'effet d'une tension excessive*. Nous laissons au lecteur le soin d'apprécier la perspicacité du sergent Rooker...

Pas une goutte de sang. Les cadavres ne saignent pas et des blessures comme ça ne s'accompagnent pratiquement pas d'écoulement de sang, de toute façon. Alors toute votre histoire s'effondre comme un château de cartes. Vous vous sentez mieux ? »

Warren Cuttleton acquiesça d'un lent mouvement de tête. « Ça avait pourtant l'air horriblement vrai », répondit-il.

« C'est toujours comme ça. » Le Sergent Rooker secoua la tête. « Mon pauvre vieux », fit-il. « Je me demande jusqu'à quand ça va durer. » Il grimaça un sourire. « Si ça continue encore longtemps l'un de nous deux va craquer. »

Révisions

Vous avez rencontré dans la nouvelle que vous venez de lire l'équivalent des expressions françaises suivantes. Vous en souvenez-vous ?

1. Il acheta un numéro du *Daily Mirror* au marchand de journaux aveugle.
2. Il composa un numéro et attendit que quelqu'un réponde au téléphone.
3. Elle raccrocha.
4. La police ne disposait pas d'indices sérieux.
5. Cherchez l'adresse dans l'annuaire postal.
6. Les policiers lui firent retirer sa chemise.
7. Je vais vous demander combien font 4 et 3.
8. Il se sentit soulagé.
9. Il remercia le sergent Rooker et lui serra la main.
10. On n'avait jamais pris ses empreintes digitales.
11. Il ne se souvenait pas d'avoir acheté un billet.
12. Il se doucha longuement et s'habilla.
13. Il semblait impossible qu'ils aient pu se tromper.

1. He bought a copy of the *Daily Mirror* from the blind newsdealer.
2. He dialed a number and waited until someone answered the phone.
3. She rang off.
4. The police had no substantial clue.
5. Look up the address in the telephone directory.
6. They had him take off his shirt.
7. I'm going to ask you how much four and three is.
8. He felt relieved.
9. He thanked Sergent Rooker and shook hands with him.
10. He had never been fingerprinted.
11. He did not remember buying a ticket.
12. He took a long shower and dressed.
13. It seemed impossible that they could have been wrong.

ROBERT COLBY

ANOTHER WAY OUT [1]

Vol nuptial

Allen Cutler had returned so unobtrusively from his annual two-week vacation[2] that I was unaware of his presence until the midmorning coffee break. We were cohorts[3] at Whatley Associates, a large commercial employment[4] agency, Allen handling[5] the placement[6] of technical or professional[7] people, while I found jobs for general office personnel[8].

There was a lounge[9] at the back of the employment mill, furnished with a coffee urn and a daily supply of doughnuts[10]. En route to this lounge, I saw Cutler in his office and paused at the entrance. He was studying cards in his job file[11] and talking on the phone. A tall, spare man nearing forty[12], he had an abundant crop[13] of pure white hair which was set off strikingly by a deep tan acquired during his vacation.

Allen put down the phone and glanced up. He flashed a quick smile at me, removed thick-lensed glasses, pinched his prominent nose. At that instant, some insidious aspect of his appearance stirred an unpleasant memory. It was a puzzling reaction, completely unfounded. Allen was a likable[14] guy with whom I had always been friendly, if not close. Possibly, without the black, heavily framed glasses which he seldom removed, he reminded me of[15] some forgotten enemy in the distant past.

"Don't just stand there, Don," he said. "Applaud, do a little dance. Cutler has returned, bringing order to chaos, hope to despair."

---

1. **another way out** : m. à m. : *une autre façon de s'en tirer.*
2. **two-week vacation** : two-week avec trait d'union et sans s joue le rôle d'un adjectif. Cf. a **three-hour meeting**, *une réunion de 3 heures.*
3. **cohorts** : *compagnon, complice.* Emploi facétieux.
4. **commercial employment agency** : *agence de recrutement pour les métiers du commerce.*
5. **to handle** : 1) *manipuler, manier* ; 2) *gérer, traiter, faire face à une situation.*
6. **placement** : fait de trouver un emploi correspondant aux compétences d'un candidat à l'embauche.
7. **professional people** : 1) *membres des professions libérales* (The Professions) ; 2) *professionnels de niveau cadre.*

Allen Cutler était rentré si discrètement de ses deux semaines annuelles de vacances que je ne pris conscience de sa présence qu'à l'occasion de la pause café au milieu de la matinée. Nous étions collègues à l'agence Whatley, une grosse agence de recrutement, où Allen était responsable de l'affectation des techniciens et des cadres, alors que j'étais chargé de trouver des emplois pour le personnel de bureau.

Il y avait à l'arrière de cette usine à main-d'œuvre, une salle équipée d'une machine à faire le café, avec une provision de beignets pour la journée. C'est en allant vers cette salle que je vis Cutler dans son bureau et m'arrêtai à sa porte. Il examinait des fiches dans son fichier d'embauche tout en parlant au téléphone. Grand et mince, proche de la quarantaine, il arborait une abondante chevelure d'un blanc absolu, que faisait ressortir son bronzage de vacances.

Allen raccrocha le téléphone et leva les yeux. Il m'adressa un sourire rapide, enleva ses lunettes aux verres épais, pinça son nez proéminent. À cet instant, quelque chose d'impalpable dans sa physionomie évoqua un souvenir déplaisant. C'était une réaction déroutante, totalement dénuée de fondement. Allen était un type sympathique, avec qui j'avais toujours eu des rapports cordiaux, sinon de véritable amitié. Peut-être, sans les lunettes noires à grosses montures qu'il enlevait rarement, me rappelait-il un ennemi oublié de mon passé lointain.

« Ne reste pas planté là, Don », dit-il. « Applaudis, danse de joie ! Cutler est de retour, qui va ordonner le chaos et rendre l'espoir aux affligés. »

---

8. **personnel :** accentué sur la dernière syllabe comme les mots empruntés au français (moustache, hors-d'œuvre, etc.). Ne pas confondre avec l'adjectif **personal.**
9. **lounge :** *salon* (= **living room**), aussi *salle d'attente, parloir, foyer* (d'un théâtre), *hall* (d'un hôtel).
10. **doughnut** ['dəʊ,nʌt] : de **dough,** *pâte,* et **nut,** *noix : sorte de pet-de-nonne.*
11. **file :** *classeur, fichier, dossier.*
12. **forty :** ⚠ orthographe : **four, fourteen,** mais : **forty.**
13. **crop :** 1) *récolte, moisson ;* 2) **crop of hair :** *chevelure.*
14. **likable** ou **likeable :** *agréable, aimable, sympathique.*
15. **he reminded me of :** **to remind sbd of sth ;** emploi de la préposition **of** quand il s'agit de rappeler des événements passés ; mais **to remind sbd to do sth,** *rappeler à qqn de faire qqch.*

We shook hands across the desk, he restored the glasses, and gone was[1] my vague impression that he recalled a sinister character from another time and context[2].

"Welcome back to unemployment[3]", I said. "See you're flaunting[4] a tan. Acapulco, I suppose. Or the Riviera ?"

He snorted his contempt. "Nope[5], I rented a room right here at the beach and saved a bundle[6]. What's the difference ? You go to Acapulco, the Riviera, what do you find ? Sand. Water. Sun. Girls in bikinis."

"So ? Is that bad ?" I asked him.

"That's good," he answered with a grin[7]. "But the sun at the Riviera is the same one we got here. And anywhere you go, sand is sand, water is water."

"You forgot[8] the girls in their bikinis," I told him.

"Wanna bet[9] !" He chuckled. "It's you married slaves who forgot the girls in their bikinis long ago. Not me, buddy[10], not me."

Allen was a bachelor, embittered[11], it was rumored, by a disastrous marriage which had ended when his wife divorced him, grabbing the lion's share of his savings and property. He rarely spoke of his personal life, and his private existence outside the office was something of a mystery[12].

"Time for coffee and[13]," I announced. "You coming[14] ?"

---

1. **gone was :** ce genre d'inversion, rare en anglais, e utilisé pour des effets emphatiques ou littéraires.
2. **from another time and context :** m. à m. : *d'une autre époque et dans un autre contexte*.
3. **unemployment :** plaisanterie (sur **employment agency** impliquant qu'Allen est payé à ne rien faire. Allusic aussi au fait que les clients de l'agence sont, au départ **unemployed**, *au chômage*.
4. **to flaunt :** *étaler, afficher, arborer*.
5. **nope :** familier (et catégorique) pour **no** ; cf. **yep** pour **yes**.
6. **bundle :** comme le français *paquet* signifie *un ballot* familièrement *une grosse somme d'argent*.
7. **grin :** 1) *grimace* ; 2) *large sourire*.
8. **you forgot :** m. à m. : *tu as oublié*.

Nous nous serrâmes la main par-dessus son bureau, il remit ses lunettes, et c'en fut fait de ma vague impression qu'il me rappelait un personnage sinistre d'une autre période de mon existence.

« Je salue ton retour au chômage », m'écriai-je. « Je vois qu'on exhibe son bronzage. Acapulco, j'imagine. Ou bien la Riviera ? »

Il eut un grognement de mépris. « Du tout. J'ai loué une chambre ici même près de la plage et j'ai économisé un paquet. Quelle différence ça fait ? Tu vas à Acapulco, ou sur la Riviera pour trouver quoi ? Du sable. De l'eau. Du soleil. Des filles en bikini. »

« Et alors ? C'est pas bon ? » demandai-je.

« C'est épatant », répondit-il avec un large sourire. « Mais le soleil de la Riviera est le même que celui que nous avons ici. Et où qu'on aille, le sable reste le sable et l'eau c'est de l'eau. »

« Tu oublies les filles en bikini », répondis-je.

« Tu parles ! » gloussa-t-il. « C'est vous les maris esclaves qui avez oublié les filles en bikini depuis longtemps. Pas moi, mon vieux, pas moi. »

Allen était célibataire, rendu amer disait-on par un mariage malheureux qui s'était terminé en désastre quand sa femme avait divorcé, et mis la main sur la plus grande partie de ses économies et de ses biens. Il parlait rarement de sa vie privée, et l'existence qu'il menait en dehors du bureau restait un mystère.

« C'est l'heure du café », annonçai-je. « Tu viens ? »

---

9. **wanna bet** : you want to bet ! *tu veux parier.*
10. **buddy** : *pote, copain,* très familier.
11. **to embitter** : *aigrir* ; aussi, *envenimer, aggraver.*
12. **something of a mystery** : sth of a donne l'idée de *tant soit peu, quelque peu* ; something of an improvement, *une certaine amélioration.*
13. **coffee and** : coffee and doughnuts ; raccourci usuel.
14. **you coming** : are you coming ?

"I got two customers writing applications[1]," he replied. "Be a sport[2], will ya[3] ? Bring me a dark coffee, light on the sugar[4]. Okay ?"

The rest of the day was a hectic[5] scramble[6]. The outsized Sunday ads[7] had stacked job-hungry[8] clients wall to wall in the reception room, while the phone rang incessantly. The oddity of Allen Cutler hovered at the edge of my mind[9] but didn't take hold until near dusk when I sat with a highball[10] in the silence of my own living room. Beverly, my wife, was an R.N.[11] She was on the night trick[12] and, having left me a little note, had departed for the hospital before my arrival.

I might have dismissed that sudden, startling image of Allen Cutler as merely an absurd distortion of reality, somewhat like an old friend seen abruptly in the crazy[13] mirror of an amusement park, but my concentrated probing[14] produced a conviction that Allen resembled some fugitive character in the news who had stuck in the back of my mind quite recently, during his absence.

I found the answer at last in a page of a newspaper ten days old. I had saved the page because a face illustrating a story seemed dimly familiar. I hadn't given it much more than a passing thought since the face was connected to a crime[15], but it did occur to me that perhaps the man had come to my desk[16] in search of a job, so I had torn out the page and kept it.

---

1. **application :** *demande* (de renseignement, d'emploi etc.), *candidature ;* **application form,** *formulaire de demande d'emploi ;* **to apply for a job,** *postuler un emploi, faire acte de candidature.* **Applicant,** *candidat* (à un poste).
2. **sport :** à l'origine, *beau joueur* (**real sport, good sport** d'où *chic type.*
3. **will ya :** prononciation vulgaire de **will you.**
4. **light on the sugar :** m. à m. : *léger sur le sucre.*
5. **hectic :** *agité, trépidant, mouvementé, fiévreux.*
6. **scramble :** *bousculade, mêlée ;* **to scramble,** *jouer des pieds et des mains, grimper en s'aidant des pieds et des mains.*
7. **ads :** plur. de **ad** = **advertisement,** *petite annonce.*

« J'ai deux clients en train d'écrire des lettres de candidatures », répliqua-t-il. « Sois chic, veux-tu ? Ramène-moi du café noir, pas trop sucré. D'accord ? »

Le reste de la journée se passa dans l'affolement général. A la suite des annonces grand format du dimanche, le hall d'accueil était rempli à craquer de clients qui cherchaient désespérément un emploi, et le téléphone n'arrêtait pas de sonner.

Ce que j'avais trouvé bizarre en Allen Cutler me restait vaguement présent à l'esprit, mais ne s'imposa à mon attention qu'à la tombée du jour, alors que je sirotais un whisky dans le calme de mon propre salon.

Beverly, mon épouse, était infirmière diplômée. Elle était de service de nuit, et après m'avoir laissé un petit mot, était partie pour l'hôpital avant mon retour.

J'aurais pu attribuer cette image soudaine et surprenante d'Allen Cutler tout simplement à une déformation aberrante de la réalité, un peu comme quand on voit tout à coup un vieil ami dans le miroir déformant d'un parc d'attraction ; mais mon intense concentration déboucha sur la certitude qu'Allen ressemblait à un personnage qui avait traversé l'actualité et dont l'image s'était imprimée dans mon esprit tout récemment, pendant l'absence de mon collègue.

Je trouvai enfin la réponse dans la page d'un journal vieux de dix jours. Je l'avais mise de côté à cause de la vague familiarité du visage illustrant un article. Je n'y avais guère accordé qu'une attention fugitive car ce visage était associé à un délit, mais il m'était quand même venu à l'esprit que l'homme en question s'était peut-être rendu à mon bureau pour chercher un emploi, aussi avais-je déchiré la page pour la conserver.

---

8. **job-hungry :** m. à m. : *affamés d'emploi.*
9. **hovered at the edge... :** to hover, *errer, rôder, planer ;* edge, *rebord, confins.*
10. **highball :** alcool (par ex. : whisky) servi dans un grand verre, avec de l'eau de Seltz et de la glace.
11. **R.N. : registered nurse,** *infirmière diplômée.*
12. **night trick :** familier pour **night shift.**
13. **crazy mirror : crazy** parce qu'il produit des images folles, insensées.
14. **to probe :** *sonder, approfondir.*
15. **crime :** *crime* au sens large (criminalité). *Délit.*
16. **desk :** 1) *bureau* (meuble) ; 2) *guichet, caisse.*

Now I sat with it under a strong light and examined the face with a mental overlay [1] of Cutler, sans [2] eyeglasses, for the wanted criminal did not wear glasses. Further, his hair was invisible under a yachting [3] cap.

It was not a photo but a composite drawing — and that was the real problem of identity. There are isolated examples of composites which so closely resemble a hunted criminal that it is a small miracle of collaboration between artist and witness. But usually a composite is not much more than a loose [4] sketch of facial characteristics, the general aspects of facial structure and expression.

I understood these things [5]. I had once earned almost enough bread to exist painting portraits, doing charcoal [6] sketches and caricatures. I knew that if you erased the eyeglasses worn habitually and of necessity by Allen Cutler and covered his white hair with a visored cap, the newspaper composite was a pretty fair [7], if mechanical [8], likeness. I could see it [9] now, I could see it absolutely, though I was quite certain that the untrained [10] eye, even of a friend, would not be able to match Cutler to the sketch.

Of course, it might have been a purely accidental similarity, for there was no reason to suspect that the other side of Allen's coin [11] was a secret life of crime. So again I read the newspaper report, searching line by line for a clue [12].

---

1. **overlay** : *transparent, calque* (pour reproduction d'une carte, etc.).
2. **sans** [sænz] : c'est le mot français, produisant ici un effet facétieux. Son contraire est le latin *cum* [kʌm].
3. **yachting** : de *to yacht* [jɔt], *faire du yacht, du yachting*.
4. **loose** : ∆prononciation [lu:s] : *lâche, peu tendu, relâché, vague*. Ne pas confondre avec le verbe *perdre*, to lose, lost, lost, le nom loss, *perte,* le verbe to loosen, *détendre, assouplir*.
5. **I understood those things** : m. à m. : *je comprenais ces choses*.
6. **charcoal :** 1) *charbon de bois* ; 2) *fusain*.
7. **fair :** 1) *beau* ; 2) *blond* ; 3) (ici) *honnête, juste, convenable, équitable, raisonnable*.

La page à la main, sous un éclairage vif, je m'assis et comparai ce visage à ma projection mentale d'un Cutler sans lunettes, car le malfaiteur recherché n'en portait pas. De plus, ses cheveux étaient cachés par une casquette de yachtman.

Ce n'était pas une photo mais un portrait robot, ce qui rendait difficile l'identification. On rencontre de temps en temps des portraits robots qui ressemblent très précisément au coupable recherché, fruit d'une collaboration qui tient du miracle entre le dessinateur et le témoin. Mais dans la plupart des cas un portrait robot n'est guère plus qu'une représentation schématique des traits caractéristiques du visage, donnant une idée d'ensemble de la forme et de l'expression de celui-ci. C'était un sujet que je connaissais bien. Jadis j'avais presque réussi à survivre en peignant des portraits et en faisant des dessins et des caricatures au fusain. Je savais que si on effaçait les lunettes qu'Allen Cutler portait d'habitude par nécessité et si l'on recouvrait ses cheveux blancs d'une casquette à visière, le portrait robot, malgré sa sécheresse, devenait fort ressemblant. Cette ressemblance, je la voyais maintenant, je la voyais clairement, tout en étant parfaitement convaincu qu'un œil inexpérimenté, fût-il celui d'un ami, serait incapable d'associer Cutler au portrait.

Bien sûr, cela aurait pu n'être qu'une pure coïncidence, car il n'y avait aucune raison de soupçonner qu'Allen Cutler avait une vie secrète de hors-la-loi.

Je relus donc le compte rendu dans le journal, ligne à ligne, cherchant un indice.

---

8. **mechanical likeness :** m. à m. : *ressemblance mécanique.*
9. **it :** renvoie à **likeness.**
10. **untrained :** de **to train,** *former, instruire, éduquer, dresser.*
11. **the other side of the coin :** *le revers de la médaille ;* **coin,** *pièce* (de monnaie).
12. **clue :** *indice, indication ; clé, solution ;* **clue to a mystery,** *solution d'une énigme ;* **I have no clue, I don't have a clue,** *je n'y comprends rien, je n'en ai pas la moindre idée.*

Two gunmen[1] behind. 45 automatics had held up[2] the Merchants Security Bank[3] minutes after[4] an armored truck had delivered close to ninety thousand in currency[5]. They had worn yachting caps and ornamental scarves[6] about their necks. The scarves had been pulled up over their faces at the moment of entry, and only their eyes were revealed.

All might have gone well for the bandits, but a customer outside of the bank had approached[7] the main door. Catching the picture[8] at a glance, he had waved down[9] a patrol car which had just then rounded the corner.

One gunman was killed in an exchange of shots as he left the bank. The other had taken a hostage, Miss Lynn Radford, a teller, and had escaped with the loot by a side door. The robber[10] hustled[11] her to a car in the next block and sped off.

As Lynn Radford explained it after she was released[12] unharmed, her captor could not ride through the streets with a scarf over his face, so he had yanked it off. Thus, she got a look at him, though mostly he kept his head turned away from her, and the cap covered his hair. Miss Radford wrote down the tag[13] number of the car, a beige Ford sedan, but as it turned out, the license plates had been stolen.

There was a rather fascinating sidelight[14] to the case. The slain[15] robber, Harley Beaumont, 38, was a computer programmer in the data processing[16] section of Merchants Security. Recently divorced, he had not the least criminal record.

---

1. un **gunman** est un homme porteur d'une arme à feu et, selon le contexte, la traduction ira de *bandit* à *terroriste*.
2. **to hold up :** origine : **hold them up**, *les mains en l'air*.
3. m. à m. : *banque pour la Sécurité des Commerçants*.
4. **minutes after :** sans précision chiffrée avant **minutes** indique toujours un laps de temps très bref.
5. **currency :** employé ici comme synonyme de **cash**. Signifie aussi *monnaie* ou (**foreign currency**) *devises*.
6. **scarves :** singulier **scarf**, *foulard, écharpe, fichu*.
7. **approached the main door :** notez la construction directe.
8. m. à m. : *saisissant le tableau*. Cf. **put me in the picture**, *mettez-moi au courant, expliquez-moi de quoi il s'agit*.

Deux gangsters armés de 45 automatiques avaient commis un hold-up à la Merchants Security Bank quelques minutes après qu'un camion blindé y eut déposé près de 90 000 dollars en espèces. Ils portaient des casquettes de yachtmen et des foulards de fantaisie autour du cou. En entrant, ils avaient remonté ceux-ci sur leurs visages, de sorte que leurs yeux seuls étaient visibles.

Tout aurait pu se passer au mieux pour eux si un client sur le point de pénétrer dans la banque par la porte principale n'avait compris la situation d'un coup d'œil. Il avait aussitôt arrêté une voiture de patrouille qui débouchait juste au coin de la rue.

Un des bandits fut tué alors qu'il faisait le coup de feu en s'enfuyant de la banque. L'autre avait pris en otage Melle Lynn Radford, une caissière, et s'était enfui avec le butin par une porte latérale. Le malfaiteur emmena de force sa prisonnière jusqu'à une voiture garée à quelques immeubles de là et démarra en trombe.

Comme Lynn Radford l'expliqua après avoir été relâchée saine et sauve, son ravisseur ne pouvait pas rouler en ville avec un foulard sur le nez, aussi l'avait-il arraché. Elle put ainsi entrevoir son visage, bien qu'elle l'ait vu surtout de profil, et les cheveux cachés par la casquette. Miss Radford avait noté le numéro de la voiture, une conduite intérieure Ford de couleur beige, mais on découvrit que les plaques d'immatriculation avaient été volées.

Un des aspects de l'affaire était plutôt inattendu :

Le voleur abattu, Harley Beaumont, 38 ans, était programmeur sur ordinateur au Département Informatique de la Merchants Security. Il venait de divorcer et n'avait pas de casier judiciaire.

---

9. **to wave down :** *arrêter en agitant le bras.*
10. **robber :** *voleur,* de **to rob,** *voler ;* **to rob someone of sth,** *voler qqch à qqn.*
11. **to hustle :** (se) *bousculer,* (se) *presser.*
12. **to release :** *relâcher, libérer.* Δpron. **s** et non **z.**
13. **tag :** *étiquette.* Ici, familier pour **licence plate,** *plaque minéralogique.*
14. **sidelight :** 1) *lumière oblique, latérale ;* 2) *petite histoire, à-côté, aperçu.*
15. **slain :** de **to slay, slew, slain,** *tuer, abattre, massacrer.*
16. **data processing :** *analyse des données ;* **electronic data processing (EDP),** *informatique.*

Cutler appeared to be a bird of the same feather[1], and that was a piece of the puzzle. Also, as described by Miss Radford, the robber was tall and slim and in his late thirties[2], as was Cutler. She thought he had pale-blue eyes, and so did Cutler, as I remembered, though[3] his eyes were somewhat obscured by his strong lenses. He couldn't function without glasses, but he could have worn contacts during the robbery.

Finally, the robbery had taken place on the third day of his vacation. Harley Beaumont had also been on vacation.

It was exciting to speculate upon all these possibilities, but my elation[4] soon died and was replaced by an insinuating depression. What if Cutler really *was* the stickup[5] man in the composite? If I could prove it, did I have the heart to turn him in[6]?

With a sense of relief, I decided that it was so far only a kind of game I was playing. I could take one more step before I was committed[7].

Next morning, determined to keep the secret even from Bev[8], who, anyway, was fast asleep when I left for the grind[9], I phoned Miss Lynn Radford at Merchants Security.

After introducing myself with the information that I worked for Blaine Whatley Associates, I told her I had reason[10] to believe that an acquaintance of mine might be the surviving partner[11] in the bank robbery, the man who made her his hostage[12] and escaped with some ninety thousand dollars[13].

---

1. **bird of the same feather :** m. à m. : *oiseau du même plumage*. Cf. birds of a feather flock together, *qui se ressemble s'assemble*.
2. **in his late thirties :** de même in his/her early twenties, *âgé(e) de 20 à 25 ans* ; in his/her mid-forties, *âgé(e) de 42 à 47 ans*. Ne pas confondre avec **the late thirties**, *la fin des années trente*.
3. **though :** *bien que*.
4. **elation :** *joie, gaieté, exaltation, euphorie*.
5. **stickup :** synonyme de **holdup**. Même origine : stick them up ! *les mains en l'air* ; to stick up, *dresser, se dresser*.
6. **to turn him in :** *de le livrer* (à la police).
7. **to be committed :** *être engagé, se commettre*.
8. **Bev :** Beverly, son épouse.

Cutler semblait être le même genre d'oiseau, c'était là une pièce du puzzle. De plus, selon la description de Miss Radford, l'autre voleur était grand et mince, proche de la quarantaine, comme Cutler. Elle pensait qu'il avait les yeux bleu clair, comme Cutler, autant que je m'en souvienne, car ils étaient quelque peu voilés par l'épaisseur de ses verres de lunettes. Il ne pouvait rien faire sans celles-ci, mais il avait pu porter des lentilles de contact pendant le hold-up.

Enfin, le vol avait eu lieu le troisième jour de ses vacances. Harley Beaumont lui aussi était en congé.

C'était passionnant de spéculer sur toutes ces possibilités, mais mon ardeur s'éteignit bientôt pour faire place à un découragement sournois. Et si Cutler était vraiment le gangster du portrait robot ? Si j'étais en mesure de le prouver, aurais-je le cœur de le dénoncer ? Avec un sentiment de soulagement, je me dis que jusqu'ici je ne faisais que me livrer à une sorte de jeu. Il me restait une étape à franchir avant de me trouver au pied du mur.

Le lendemain matin, décidé à ne pas partager mon secret, même avec Bev, qui, de toute façon, dormait encore à poings fermés quand je partis au boulot, j'appelai Mlle Lynn Radford à la Merchants Security.

Après m'être présenté en signalant que je travaillais à la Société Blaine Whatley, je lui dis que j'avais des raisons de croire qu'une personne que je connaissais pourrait être l'auteur survivant du hold-up, celui qui l'avait prise en otage et s'était enfui avec les quelque 90 000 dollars.

---

9. **grind :** (fam.) *labeur quotidien, boulot journalier, turbin.*
10. **I had reason :** notez le singulier et l'absence d'article.
11. **partner :** *partenaire, associé.*
12. **hostage :** *prendre qqn en otage ;* **to take someone hostage ;** *ils ont été détenus en otages,* **they were held hostage, they were held as hostages.**
13. **ninety thousand dollars :** notez l'absence de **s** à **thousand**. De même **two hundred people**, etc. Dans ce cas **thousand** et **hundred**, précédés d'un chiffre, sont adjectifs, donc invariables. Mais on dira **thousands of people**, *des milliers de personnes ;* **hundreds of cars**, etc. Autre façon d'écrire le chiffre donné ici : $ 90,000 (notez la virgule après les milliers et le symbole du dollar placé avant).

It took a bit of doing, but I persuaded her to meet me at a restaurant where my "suspect" habitually had lunch so that she could take a look at him. I made the stipulation that since it was an extremely delicate matter to accuse a man who might be considered a friend of sorts[1], I did not want her to go out on a limb[2] with the police until we had put our heads together secretly. She gave me her pledge[3] of silence.

I asked her if she could arrange with the bank to leave half an hour before noon so that we could talk quietly before the luncheon crowd arrived. She said she would call me back and did so in a few minutes to say that she was leaving at 11:30 by cab. Having discovered that I really was with Whatley Associates, she sounded[4] much less reluctant the second time around[5].

Lynn Radford arrived just behind me, wearing[6] a modest yellow cotton dress[7] and an expression of worried expectancy[8]. She was a rather short young woman who could no doubt[9] see her thirtieth year of earthly joys and sorrows approaching from no great distance. She was carrying too much weight for her size[10], and her small features[11] were exceedingly plain[12]. Her dark hair was so unstylishly busy with swoops[13] and curls, it was almost a distraction[14].

Despite the harsh[15] photo of her in the newspaper, I recognized her at once. I had taken the nearest booth[16] to the door, and Miss Radford, with a hesitant smile, sank[17] to the opposite cushion[18] and peered[19] at me in wary silence.

---

1. **of sorts :** d'une certaine façon implique une réticence, montre que ce n'est pas the real thing.
2. **to go out on a limb :** *prendre des risques, sans possibilité de faire machine arrière,* comme quelqu'un qui se serait aventuré jusqu'à l'extrémité d'une branche. **Limb** [lɪm], 1) *membre du corps humain ;* 2) *(grosse) branche d'arbre.*
3. **pledge :** *promesse, engagement solennel.*
4. **sounded :** cela se passe au téléphone, d'où to sound. *Avoir l'air,* selon les cas, sera to look, to sound ou to feel.
5. **the second time around :** *la deuxième fois.*
6. **wearing :** to wear, wore, worn, *porter (vêtements).*
7. **dress :** peut désigner *une robe* ou *un tailleur.*
8. **expectancy :** *attente, impatience, curiosité.*

Je la persuadai non sans mal de me rencontrer dans un restaurant où mon « suspect » avait l'habitude de déjeuner, de façon qu'elle puisse l'observer. Vu le caractère extrêmement délicat d'une accusation portée contre un homme qui pouvait d'une certaine façon être considéré comme un ami, je précisai que je ne voulais pas qu'elle se risque à alerter la police tant que nous n'aurions pas confronté nos points de vue dans le plus grand secret.

Je lui demandai si elle pouvait s'arranger avec la banque pour sortir une demi-heure avant midi afin que nous puissions discuter tranquillement avant l'arrivée de la foule à l'heure du déjeuner. Elle répondit qu'elle me rappellerait, ce qu'elle fit quelques minutes plus tard pour dire qu'elle partait en taxi à 11 h 30. Ayant vérifié que je travaillais effectivement chez Whatley et Compagnie, elle avait l'air beaucoup moins réticente qu'au départ.

Lynn Radford arriva juste après moi, vêtue d'un tailleur discret de coton jaune, l'air à la fois intrigué et soucieux. C'était une jeune femme plutôt petite qui voyait certainement approcher à grands pas sa trentième année d'heurs et de malheurs ici-bas. Elle était un peu enveloppée pour sa taille, et son mince visage tout à fait quelconque.

Ses cheveux bruns étaient un invraisemblable désordre d'ondulations et de boucles folles. Je la reconnus d'emblée malgré la photo du journal qui lui durcissait les traits. J'avais pris la table la plus proche de l'entrée et Mademoiselle Radford, avec un sourire hésitant, se laissa choir sur le coussin du siège en face du mien et me fixa en silence avec circonspection.

---

9. **doubt** ⚠ prononciation [daut].
10. m. à m. : *elle portait trop de poids pour sa taille.*
11. **features** : *traits, physionomie.*
12. **plain** : 1) *clair, évident ;* 2) *simple, modeste, ordinaire ;* 3) *quelconque, sans beauté.*
13. **swoop** : 1) *mouvement ondulant ;* 2) *fait de plonger sur sa proie* **(to swoop).**
14. **distraction** : *folie, affolement,* rarement *distraction.*
15. **harsh** : *dur, rêche, rude.*
16. **booth** : cf. note 1 p. 32.
17. **sank** : to sink, sank, sunk, *couler, sombrer, s'affaisser.*
18. **cushion** : *coussin.*
19. **to peer** : *scruter, dévisager, fouiller du regard.*

"Sorry about all this intrigue," I said, "but it seems necessary, and I do appreciate[1] your help."

She shrugged but said nothing, and I asked if she'd like[2] a drink.

She brightened. "I'd love a stinger[3]," she said quickly. "I've been more relaxed having a tooth pulled[4]." She smiled in a way that gave her uncomplicated face the first accent of personality.

I ordered two of the same, and she went on to say, "I just can't help being a bit nervous, Mr. Stansbury. Since the robbery, nearly every stranger looms[5] as a kind of threat to me."

"Naturally."

"But you do seem a nice person, not at all scary[6]."

"Little old ladies adore me."

"Go on[7]," she said with a giggle[8]. A waiter brought the stingers, and she gulped[9] half her glass in one swallow. I explained that I had once been an artist[10] and that because I studied facial characteristics with a professional eye, I had recognized the basic similarity between my suspect and the composite, while most people would fail[11] to note the resemblance.

"What sort of man is he?" she wanted to know.

"He's pleasant, well educated, has a responsible[12] job. Far[13] as I know, he's never been in any trouble. But don't let that fool[14] you."

---

1. **I do appreciate** : do d'insistance, emphatique.
2. **she'd like** : she would like.
3. **stinger** : cocktail (crème de menthe et cognac en quantité égale, secoué avec glaçons et filtré avant de servir).
4. **having a tooth pulled** : *en me faisant arracher une dent.*
5. **to loom** : *surgir, apparaître à l'horizon* (souvent de façon menaçante).
6. **scary** : (fam.) *effrayant, épouvantable.* De **to scare**, *effrayer, épouvanter* ; **a scare**, *panique, alarme, terreur.*
7. **go on** : *allons donc ! dites ça à d'autres ! quelle blague ! soyez sérieux !*
8. **giggle** : *petit rire nerveux.* S'applique surtout à des rires féminins ; verbe : to giggle.

« Désolé pour tout ce mystère », déclarai-je, « mais cela m'a semblé nécessaire, et j'apprécie vraiment votre aide. »

Elle haussa les épaules sans répondre et je lui demandai si elle désirait boire quelque chose. Son visage s'éclaira. « Je prendrais bien un cocktail au cognac », s'écria-t-elle aussitôt.

« Il m'est arrivé d'être plus détendue chez le dentiste. » Elle eut un sourire qui donna à son visage sans éclat un début de personnalité.

Je commandai deux cocktails, et elle ajouta : « Je ne peux pas m'empêcher d'être un peu nerveuse, M. Stansbury. Depuis le hold-up, presque tous les étrangers me paraissent plus ou moins menaçants. »

« C'est naturel. »

« Mais vous avez l'air d'une personne sympathique, pas du tout effrayante. »

« Les petites vieilles sont folles de moi. »

« Je m'en doute », dit-elle avec un petit rire.

Un garçon apporta les cocktails, et elle avala la moitié du sien en une gorgée. Je lui expliquai que j'avais autrefois été dessinateur et qu'étudiant les traits dominants du visage avec l'œil du professionnel, j'avais été frappé par la ressemblance foncière entre mon suspect et le portrait robot, alors que la plupart des gens ne l'auraient pas remarquée.

« Quel sorte d'homme est-ce ? » voulut-elle savoir.

« Il est agréable, cultivé, il a un poste de responsabilité. Autant que je sache il n'a jamais eu d'histoires. Mais ça ne veut rien dire. »

---

9. **to gulp :** 1) *engloutir, avaler à grandes bouchées* ou *à grandes gorgées, boire d'un trait ;* 2) *avoir un serrement de gorge.*
10. **artist :** 1) *artiste ;* 2) *artiste-peintre, dessinateur.*
11. **to fail :** *faillir :* 1) *manquer, faire défaut, ne pas se produire, ne pas faire qqch ;* 2) *échouer, ne pas réussir.*
12. **responsible job :** Δ 1) *orthographe de* **responsibility** (*trois i*) ; 2) *être responsable de qqch,* **to be responsible for sth** ; 3) *un responsable,* **an official** ; *les responsables syndicaux,* **union leaders, union officials**.
13. **far as I know :** as far as I know, *style parlé familier.*
14. **to fool :** *tromper, mystifier, duper, berner, se payer la tête de.*

"What about his appearance ?"

"I was coming to that. He's tall and slender[1], he's thirty-nine and —"

"That fits him exactly," she said.

"And he wears thick-lensed glasses with a heavy black frame."

"Then you've got the wrong[2] man," she declared firmly.

"Suppose he wore contact lenses for the robbery ? It would be a kind of reverse disguise." I signaled the waiter to bring us another round.

Miss Radford leaned toward me conspiratorially. "You mean," she said, "that since he's normally[3] associated with strong eyeglasses, he went to the trouble of buying contacts just for the holdup ?"

"Yes, because if he's the right[4] man, he can't see without magnification[5]. It was a small detail, perhaps, since he never expected to show the rest of his face. But small details have solved a lot of crimes[6]."

"How clever," she said, nodding rapidly. The waiter brought more drinks, and she went to work[7] on her second.

"So be prepared for glasses[8]," I warned her, "and try to erase them mentally. And don't forget, your man wore a cap on his head, and you didn't see his hair. It's[9] pure white, and there's plenty of it."

---

1. **slender :** 1) *mince, svelte, élancé* ; 2) (revenu, etc.) *maigre, modique, modeste*.
2. **the wrong man :** cf. to take the wrong train, *se tromper de train* ; to do the wrong thing, *commettre un impair* ; he is in the wrong job, *son emploi ne lui convient pas*.
3. **normally :** tous les adjectifs en al donnent des adverbes en ally ; voir **conspiratorially**, ligne précédente.
4. **the right man :** par opposition à **wrong man**, ci-dessus.
5. **magnification :** to magnify, *grossir, agrandir* (une image) ; *amplifier, exagérer* (un événement) ; **magnifying-glass**, *loupe*.
6. **crimes :** affaires qui ne sont pas nécessairement des *crimes* au sens de *meurtre*. Crime signifie *délit* ou *crime* au sens large, *criminalité*. *Meurtre* sera **murder** ou, en

« Comment est-il physiquement ? »

« J'allais y venir. Il est grand et mince, il a 38 ans et ... »

« Ça correspond exactement », dit-elle.

« Et il porte des lunettes à verre épais avec de grosses montures noires. »

« Alors ce n'est pas lui », déclara-t-elle fermement.

« Et s'il avait porté des lentilles de contact pour le hold-up ? Ça serait une sorte de déguisement à l'envers. » Je fis signe au garçon pour qu'il nous serve une deuxième tournée. Mlle Radford se pencha vers moi avec un air de conspirateur.

« Vous voulez dire », demanda-t-elle, « que puisqu'on s'attend à le voir avec des lunettes épaisses, il s'est donné la peine d'acheter des lentilles de contact uniquement pour le hold-up ? »

« Oui, car si c'est bien lui le coupable, il ne peut pas voir sans grossissement. C'était un petit détail peut-être, puisqu'il ne comptait pas laisser voir le reste de son visage. Mais c'est grâce à de petits détails que nombre d'affaires ont été résolues. »

« Comme c'est astucieux », commenta-t-elle en opinant rapidement du chef. Le garçon apporta les consommations, et elle attaqua son second verre.

« Attendez-vous à le voir avec des lunettes », avertissai-je, « et essayez de les effacer mentalement. Et n'oubliez pas que votre homme portait une casquette, et que vous n'avez pu voir ses cheveux. Ils sont tout blancs et il a une sacrée toison. »

---

langue juridique, **manslaughter**, s'il s'agit d'*homicide par imprudence,* **wilful murder**, s'il s'agit d'*homicide volontaire.*
7. **went to work** : *se mit au travail* (facétieux).
8. **be prepared for glasses** : m. à m. : *soyez prêtes pour des lunettes. Se préparer à qqch,* **to prepare for sth** ; *préparer un examen,* **to prepare for an exam**.
9. **it's** : **hair** au sens de cheveux est toujours singulier ; **hairs**, *poils*. Mais notez **to split hairs**, *couper les cheveux en quatre*.

"White hair !" she gasped[1], and shook her head. "No, no, the robber had dark hair, I saw his eyebrows, they were dark."

"So he used charcoal pencil to darken them."

"Thick glasses and white hair," she mused, hoisting[2] her stinger. "You're asking a lot, but I'll try."

"Concentrate on the look of his nose, mouth, and jaw, the shape of his face."

"Yes, but how will I observe[3] all that, just sneaking[4] a look at him from a distance ?"

"You'll see him close up[5]. He can't miss us here by the door, and I'll introduce you as an old friend. His reaction should tell us almost as much as his appearance."

"Face to face ?" she said anxiously. "Well, I thought — I mean, I never[6] expected that you would ask me to — Listen, I think I'll need another drink."

I ordered lunch with her third stinger. She only nibbled[7] at the lunch. She was flying pretty high[8], and we were on a first-name basis[9] by the time Allen Cutler stepped into the restaurant and stood near the entrance, hunting a table. I had purposely sat facing the door, and I now casually[10] waved him over.

He gave Lynn Radford no more than a quick, speculative glance and a polite smile. If he recognized her in that first instance, his composure[11] must have been lined[12] with solid steel. I introduced them casually.

---

1. **to gasp :** hoqueter (de surprise, de terreur), *haleter, sursauter.*
2. **to hoist :** *hisser* (emploi humoristique ici) ; **hoist,** *treuil, grue, palan.*
3. **to observe :** Δpron. [əb'zɜːv], z et non s.
4. **to sneak :** 1) *agir furtivement, sournoisement ;* **to sneak away,** *partir furtivement, s'éclipser, partir en catimini ;* 2) *moucharder, cafarder.*
5. **close up** [kləus] cf. **a close up,** *un gros plan.*
6. **never :** même emploi de *jamais* dans le français : *je ne me serais jamais attendu à cela.*
7. **to nibble :** *grignoter, mordiller, manger du bout des lèvres.*
8. **to fly high :** 1) *voler haut ;* 2) (ici) *être dans un état euphorique créé par l'alcool, la drogue.*

« Des cheveux blancs ! » sursauta-t-elle, et, secouant la tête : « Non, non, le voleur avait les cheveux bruns, j'ai vu ses sourcils, ils étaient bruns. »

« Alors c'est qu'il les avait foncés au pinceau. »

« Des verres épais et des cheveux blancs », dit-elle d'un air songeur, en portant son cocktail à ses lèvres. « Vous me demandez beaucoup. Mais je vais essayer. »

« Concentrez-vous sur l'aspect de son nez, de sa bouche et de sa mâchoire, et sur la forme de son visage. »

« D'accord mais comment vais-je observer tout cela, juste en lançant de loin des regards furtifs ? »

« Vous allez le voir de très près. Il ne peut pas nous manquer ici, près de la porte, et je vous présenterai comme une vieille amie. Sa réaction devrait vous en dire presque autant que sa physionomie. »

« Face à face ? » dit-elle avec anxiété. « Eh bien, je pensais... Je veux dire, je ne m'attendais pas du tout à ce que vous me demandiez de... Ecoutez, je pense que j'ai besoin d'un autre verre. »

Je commandai le déjeuner en même temps que son troisième cocktail. Elle toucha à peine à la nourriture. Elle était bien partie, et nous nous appelions par nos prénoms quand Allen Cutler fit son entrée dans le restaurant et s'arrêta près de l'entrée, cherchant une table libre. Je m'étais volontairement assis face à la porte, et lui fis alors signe de venir vers nous.

Il n'adressa à Lynn Radford qu'un bref regard de curiosité et un sourire poli. S'il l'avait reconnue d'emblée, il fallait qu'il ait un sang-froid à toute épreuve. Je fis les présentations sans façons.

---

9. **to be on a first-name basis :** *s'appeler par son prénom, correspond ici au tutoiement en français. Attention cependant : aux États-Unis cette tendance naturelle à utiliser le prénom — même dans le cas de personnes que l'on connaît en fait très peu — traduit davantage une absence de formalisme que l'existence d'une amitié réelle. En ce sens,* **to be on a first-name basis** *n'est pas nécessairement l'équivalent du tutoiement.*
10. **casually :** *fortuitement, négligemment, en passant, comme par hasard, d'un air détaché.*
11. **composure :** *calme, maîtrise de soi.*
12. **lined with solid steel :** *doublé en acier trempé.*

"Lynn is an old friend of Beverly's[1]," I fabricated[2]. "Spied[3] her coming out of a store and invited her to lunch. Why don't you join us ? You're not going to find a decent table, and we'll be on our way in a few minutes."

"In that case..." he said.

I moved over and gave him room beside me. I beckoned the waiter, and while Allen ordered, I watched Lynn watching him. Mellowed[4] by the drinks, she seemed in control[5].

"Do you live in town, or are you just shopping ?" Allen asked her, as if only making conversation.

"I was shopping on my lunch hour until I met Don," she answered. She gazed at Allen steadily. "I'm a teller[6] at Merchants Security."

"Merchants Security," Allen repeated, snowy eyebrows lifting above the ebony enclosure of his glasses. "I know it well, had an account there a while back, nearly a year ago."

"I was about to say that you do look vaguely familiar," Lynn declared boldly, "but now I'm at a loss[7] to know why since I've only been with[8] Merchants a little over three months. Say, do you always wear glasses ?"

"Yes, I'm afraid so[9]," Allen replied blandly[10], his face and voice undisturbed by the smallest ripple[11] of tension. He plucked[12] his Tom Collins[13] from the table and sipped it lovingly.

---

1. **Beverly's** : cf. a friend of mine, a friend of John's.
2. **to fabricate** : ▲ la plupart du temps, signifie *inventer, mentir, affabuler*. De même pour **a fabrication**, *une invention, un mensonge*. *Fabriquer*, to make, to manufacture, to build.
3. **spied** : I spied. To spy : 1) *apercevoir, voir, remarquer* ; 2) *espionner*.
4. **to mellow** : *mûrir, prendre du moelleux, du velouté*, (caractère) *s'adoucir, gagner en rondeur*.
5. **in control** : *maîtresse d'elle-même et capable de faire face à la situation*.
6. **I'm a teller** : *caissier* (à un guichet, une caisse). Moins qualifié que le **cashier** [kæ'ʃiər], *caissier ayant des fonctions de comptable*. Notez l'article **a**, normal chaque fois qu'une fonction n'est pas unique : **her father is an architect**.

« Lynn est une vieille amie de Beverly », inventai-je. « L'ai vue sortir d'un magasin et l'ai invitée à déjeuner. Assieds-toi donc avec nous. Tu ne vas pas trouver de table bien placée, et on s'en va dans quelques minutes. »

« Dans ce cas ... » dit-il.

Je me poussai pour lui faire de la place à côté de moi. Je fis signe au garçon et tandis qu'Allen commandait, je regardais Lynn en train de l'étudier. La boisson aidant, elle s'était détendue et paraissait maîtresse d'elle-même.

« Habitez-vous en ville ou faisiez-vous juste des courses ? » lui demanda Allen, comme pour faire la conversation.

« Je faisais des courses pendant la pause de midi quand j'ai rencontré Don », répondit-elle. Elle le fixait d'un regard soutenu. « Je suis caissière à la Merchants Security. »

« Merchants Security », répéta Allen, ses sourcils laiteux se soulevant au-dessus de la ligne noire formée par le bord de ses lunettes. « Je connais bien, j'y avais un compte dans le temps, il y a environ un an. »

« J'allais dire que votre visage m'était vaguement familier », déclara Lynn hardiment, « mais maintenant je me demande pourquoi puisque je ne suis à la Merchants que depuis un peu plus de trois mois. Dites, est-ce que vous portez toujours des lunettes ? »

« Hélas oui », répondit suavement Allen, sans que son visage ou sa voix trahissent le moindre signe de tension. Il saisit son Tom Collins sur la table et se mit à le siroter avec délectation.

---

7. **to be at a loss to :** *être incapable* (d'expliquer), *désorienté, embarrassé, en peine de.*
8. **I've only been with :** notez la préposition. **How long have you been with them ?** *Depuis combien de temps travaillez-vous chez eux ?* Notez aussi le present perfect (action commencée dans le passé et qui dure encore).
9. **I'm afraid so :** cf. I think so, *je pense que oui* ; I guess so, *je crois que oui,* etc.
10. **blandly :** *avec affabilité.* Sous-entend parfois une nuance narquoise, ou doucereuse.
11. **ripple :** *ride, ondulation, clapotis.*
12. **to pluck :** *cueillir, arracher.*
13. **Tom Collins :** gin, jus de citron, sucre, etc. additionnés d'eau gazeuse.

"I should wear glasses myself," said Lynn. "My work is demanding[1] on the eyes, and the strain is beginning to wear me down[2]. I suppose it's just female vanity, but I'm thinking of contact lenses. Ever try[3] them?"

"Yes," said Allen without a pause[4]. "And they're a damn nuisance[5]. I couldn't adapt to them. One night, I came in stoned[6], peeled[7] them off, and dropped a lens. Tiny thing. I never could find it, so I gave up and bought these." He chuckled merrily.

"They look so powerful[8]!" said Lynn, smiling. "May I try them on, just for laughs[9]?"

"Sure," said Allen. Without hesitation, he reached up for them. The swift movement extended his elbow sharply[10]. The elbow collided with his glass, the drink spilled[11] over the table and trickled[12] into Lynn Radford's lap[13]. She stood to wipe up with her napkin.

A desperate gimmick[14], I figured. But I had been watching him carefully, and it appeared such a natural mistake...

"Sorry, Lynn, how clumsy of me," said Allen smoothly.

"No harm," she answered coolly, and peered[15] at her watch.

"We'd better run[16]," she said, and I called for the check[17].

I went with her to the bank in a cab. On the way, we compared notes[18].

---

1. **to demand :** ▲ *exiger, réclamer.*
2. **to wear me down :** to wear, *porter* (vêtements) ; to wear out, *user* (vêtements) ; to wear down, *user à la longue, épuiser peu à peu.*
3. **ever try them :** did you ever try them ?
4. **pause :** 1) *pause, arrêt* ; 2) *hésitation.* Mêmes sens pour le verbe to pause.
5. **nuisance :** *gêne, ennui, peste, fléau.* To make a nuisance of oneself, *se rendre insupportable.*
6. **stoned :** *abruti* par l'alcool (ici), ou par la drogue, « gelé », « cuit », « pété ».
7. **to peel off :** *enlever comme une peau, peler,* (fam.) *enlever ses vêtements.*
8. **powerful :** *puissant.*
9. **for laughs :** *pour rire, par plaisanterie.*

« Je devrais porter des lunettes moi aussi », déclara Lynn. « Mon travail est très fatigant pour la vue et l'effort commence à m'épuiser. Peut-être n'est-ce que de la vanité féminine, mais je pense à des verres de contact. Avez-vous jamais essayé d'en porter ? »

« Oui », dit Allen sans hésitation. « Et c'est une sacrée saleté. Je n'ai pas pu m'y faire. Une nuit, je suis rentré avec une bonne cuite, je les ai enlevés et une lentille est tombée. C'est minuscule, je n'ai jamais pu la retrouver, alors j'ai abandonné et j'ai acheté ça ». Il eut un petit rire joyeux.

« Elles ont l'air si épaisses », dit Lynn en souriant. « Est-ce que je peux les essayer, juste pour jouer ? »

« Bien sûr », répondit Allen. Sans hésiter, il porta la main à ses lunettes. Ce brusque mouvement projeta son coude de côté. Il heurta son verre, le liquide se répandit sur la table et s'écoula sur les genoux de Lynn Radford. Elle se leva pour s'essuyer avec sa serviette.

Une astuce désespérée, pensai-je. Mais je l'avais surveillé attentivement et son faux mouvement paraissait si naturel.

« Désolé, Lynn, d'être aussi maladroit », dit Allen d'un ton égal.

« Pas de mal », répondit-elle fraîchement, en jetant un coup d'œil à sa montre.

« On ferait mieux d'y aller », dit-elle, et je demandai l'addition.

Je l'accompagnai à la banque en taxi. En route, nous comparâmes nos impressions.

---

10. **sharply** : *nettement*. Indique aussi un mouvement soudain, un brusque changement de direction.
11. **to spill,** spilled, spilled ou spilt, spilt : *répandre, renverser.* It is no use crying over spilt milk, *ce qui est fait est fait* (m. à m. : *inutile de pleurer sur le lait renversé*).
12. **to trickle :** *couler goutte à goutte, suinter, ruisseler.*
13. **lap :** *giron.*
14. **gimmick :** 1) *truc, machin ;* 2) *artifice, astuce.*
15. **to peer :** 1) *scruter, dévisager ;* 2) (ici) *essayer de regarder qqch qu'on a du mal à voir.* Notez la prép. **at**.
16. **we'd better run :** I'd better, *je ferais mieux de,* toujours suivi de l'infinitif sans to.
17. **check :** *note, addition* (G.B. : **bill**).
18. **to compare notes :** m. à m. : *comparer ses notes.* Expression familière au sens de confronter ses impressions.

"D'you suppose he did it on purpose¹ ?" she said. "The bit² with the spilled drink."

"Probably," I answered. "What do you think ? Is he the man ?"

"I *think*³ he's the man, but I don't *know* that he is. The glasses, the hair... The hair is incredible. It throws me off⁴ completely. And there's something else — the tan."

"What about it ?"

"The robber was wearing this⁵ dark blue paisley⁶ scarf. When he took it off, his face was pale in contrast. No tan."

"Allen claims he was on vacation at the beach, and since the robbery took place on the third day of his vacation, there was plenty of time for a tan."

"It's terribly confusing, you must admit," she said.

"What about his voice ?"

"It doesn't help. This guy showed me a huge pistol, a .45, they tell me. And he said two words : 'No tricks !'⁷ He drove me into the suburbs, pulled to the curb, and barked two more words : 'Get out !' He said nothing else."

"How about⁸ the car he was driving ? You must have had⁹ a look at it."

"Yes and no. I mean, I was awfully frightened, and my concentration wasn't exactly the best. The only thing I *really* looked at¹⁰ was the license tag. But it turned out to be a stolen plate."

---

1. **purpose** ['pɜ:pəs] : *dessein, but, objectif.*
2. **the bit with** : *le truc du.* Bit, *morceau, bout, élément.*
3. **I think...** : m. à m. : *je pense que c'est lui l'homme, mais je ne sais pas s'il l'est.*
4. **it throws me off** : *cela me déroute, me déconcerte.* Cf. to throw the dogs off the scent, *faire perdre la trace, la piste aux chiens.*
5. **this** : au sens de *foulard particulier, dont on a déjà parlé.*
6. **paisley** : en laine ou en tissu semblable au cachemire. De Paisley, village du sud-ouest de l'Écosse.
7. **trick** : *truc, artifice, ruse, tour, supercherie.* **To play sbd a dirty trick,** *jouer un sale tour à qqn.*
8. **how about** : synonyme de **what about** ? 1) *et pour ce qui est de, et..., qu'en est-il de ?* 2) *que diriez-vous de ?*

« Vous croyez qu'il l'a fait exprès ? » interrogea-t-elle. « Le coup du verre renversé. »

« Probablement », répondis-je. « Alors qu'en pensez-vous ? Est-ce que c'est lui ? »

« Je *crois* que c'est lui, mais je n'en ai pas la *certitude*. Les lunettes, les cheveux ... Les cheveux sont incroyables. Ça me trouble complètement. Et puis il y a autre chose ... Le bronzage. »

« En quel sens ? »

« Le gangster portait un foulard en cachemire bleu foncé. Quand il l'a enlevé, son visage paraissait pâle par contraste. Pas bronzé. »

« Allen prétend qu'il était en vacances, à la plage, et comme le hold-up a eu lieu pendant son troisième jour de congé, il a eu tout le temps de bronzer par la suite. »

« C'est terriblement déconcertant, reconnaissez-le », dit-elle.

« Que pensez-vous de sa voix ? »

« Ça ne m'aide pas. Ce type m'a mis sous le nez un énorme pistolet, un 45 à ce qu'on m'a dit. Et il a prononcé trois mots : "Pas de bêtises !" il m'a conduite en banlieue, a arrêté sa voiture le long du trottoir, et a aboyé un autre mot "descends !" Il n'a rien dit d'autre. »

« Et la voiture qu'il conduisait ? Vous devez avoir eu le temps de la voir. »

« Oui et non, je veux dire, j'étais complètement terrorisée, et je n'étais pas vraiment au mieux de ma concentration. La seule chose que j'ai *vraiment* regardée était la plaque d'immatriculation. Et la suite a montré qu'elle avait été volée. »

How about, plus américain, est plus souvent employé dans ce deuxième sens.

9. **you must have had a look :** le défectif **must** n'ayant pas de participe passé, c'est donc le verbe qui suit qui porte cette marque. *Vous devez le voir,* **you must see him ;** *vous avez dû le voir,* **you must have seen him** *(l'avoir vu).*

10. **at :** rejet de la préposition et omission du relatif **(the only thing at which I really looked...).**

"And the car itself ? The paper said it was a beige Ford sedan."

"I told the police it *appeared* to be beige, but the paint was pretty well covered with dirt, and it was just a fuzzy[1] impression. I'm not sure. I do remember that it was a Ford sedan, perhaps three or four years old but very ordinary inside and out in all respects. There must be dozens like it on the streets, and if I drove right up beside it[2], I doubt[3] if I'd recognize it."

"Skip[4] the car for now ; let's get back to the man. He spoke just four words, but what were his mannerisms, his actions ? What did he *do* that might help us ? He didn't just sit there, did he[5] ?"

"Yes, he did[6]. Once we got going, he just sat there driving, looking straight ahead, watching in the rearview[7]."

"Once you got going ? Did something happen before that ?"

She nodded rapidly. "When he put me in the car, he raced around to the driver's side[8], and while he was getting in, I tried to climb out[9]. He grabbed my arm and, after a little struggle, yanked[10] me back again. That was when he showed me the pistol and said, 'No tricks.' "

"Anything else ?"

---

1. **fuzzy :** *flou, vague, confus, manquant de clarté, de netteté, mal défini.*
2. **if I drove beside it :** *si je venais à sa hauteur (à côté d'elle) en conduisant.*
3. **I doubt :** Δ [daut] ; le b n'est pas prononcé.
4. **to skip :** 1) *sauter, sautiller ;* 2) *sauter, omettre.*
5. **did he ? :** correspond au français *n'est-ce pas ?* Après une phrase négative, on reprend l'auxiliaire à la forme affirmative. **He won't come, will he ?** *Il ne viendra pas, n'est-ce pas ?* Après une phrase affirmative, on utilise l'auxiliaire à la forme négative : **She will come, won't she ?** *Elle viendra, n'est-ce pas ?* **You saw her, didn't you ?** *Vous l'avez vue, n'est-ce pas ?*
6. **yes, he did :** reprise de l'auxiliaire, normale après **yes** (ici au sens de *si*).

« Et la voiture elle-même ? Le journal disait que c'était une conduite intérieure Ford de couleur beige. »

« J'ai dit à la police qu'elle *avait l'air* d'être beige, mais la peinture était toute recouverte par la saleté, et c'était une impression plutôt floue. Je n'en suis pas sûre. Ce dont je me souviens, c'est que c'était une conduite intérieure Ford qui avait peut-être trois ou quatre ans, mais très ordinaire à tout point de vue à l'intérieur comme à l'extérieur. Il doit y en avoir des douzaines comme ça en ville, et je ne suis même pas certaine que je la reconnaîtrais si je roulais à côté. »

« Oubliez la voiture pour l'instant ; revenons-en au type. Il n'a dit que quatre mots, mais pouvez-vous décrire ses particularités, son comportement ? Qu'a-t-il *fait* qui puisse nous aider ? Il n'a pas tout le temps été assis là, n'est-ce pas ? »

« Si, justement. Après qu'on eut démarré, il est resté assis au volant, regardant droit devant lui en surveillant le rétroviseur. »

« Après que vous avez démarré ? Est-ce qu'il s'est passé quelque chose avant ? »

Elle acquiesça aussitôt. « Quand il m'a poussée dans la voiture, il en a fait le tour en courant pour prendre le volant et pendant qu'il montait j'ai essayé de descendre. Il m'a agrippé le bras et après une courte lutte il m'a ramenée à l'intérieur. C'est alors qu'il m'a menacée avec le pistolet en disant "Pas de bêtises !" »

« Rien d'autre ? »

---

7. **rear-view :** rear-view mirror ; **rear,** *arrière.*
8. **to the driver's side :** m. à m. : *pour atteindre le côté du conducteur.*
9. **to climb out :** contraire de **to climb in,** *grimper à bord.*
△ prononciation [klaim], le **b** n'est pas prononcé. Il en va de même pour les formes avec désinence ou suffixe : **climbed** [klaimd], **climbing, climber.** De façon générale, le **b** final ne se prononce pas après un **m** : **lamb** [læm], *agneau ;* **limb** [lim], *membre ;* **dumb** [dʌm], *sourd ;* **bomb** [bɔm], *bombe.*
10. **to yank :** (U.S.) *tirer d'un coup sec.*

She frowned. "Can't think of anything. Nothing important [1], that is. I did [2] lose an earring that day, but it could have been lost anywhere, and I didn't mention it. Later, I got to wondering if it dropped off [3] in the car or on the street when we were struggling [4]. Should I have told the police about it, do you think?"

"Right now it seems a minor point," I said.

"Maybe to them [5] but not to me," she whined [6]. "That earring was very special because it belonged to a set given to me by a very special person long ago and far away."

She fumbled [7] in her purse [8], brought up a lone earring, and dangled [9] it in front of my face. "Isn't that *darling*, with the little heart and everything? It's real jade — at least I guess it is," she said hopefully.

To display polite interest, I took the earring from her and held it in my hand [10]. It was a green heart of dubious jade, fastened [11] to a gold chain, the heart bisected diagonally with a gold arrow. Beyond its sentiment, it seemed of no value.

"Very attractive," I said, and gave it back to her.

"I suppose it's silly to keep it now," she mused, "especially since he's probably married and forgotten me years ago [12]." She dropped the earring into her purse with a shrug.

We were nearing the bank, and I said, "Well, what's the verdict?

---

1. **nothing important :** l'adjectif se place directement après something, anything, nothing. Ex. : sth good, *qqch de bon*. Anything new? *Quoi de neuf?*
2. **I did lose :** did d'insistance synonyme de **I actually lost**, *en fait j'ai perdu, c'est vrai que j'ai perdu*.
3. **it dropped off :** off indique que la boucle s'est détachée ; dropped, *qu'elle est tombée* ; **to drop :** 1) *tomber, s'abattre* ; 2) *lâcher, laisser tomber*.
4. **when we were struggling :** m. à m. : *pendant que nous luttions*.
5. **them : the police** est normalement pluriel, donc repris par **them** ici.
6. **to whine :** *gémir, geindre, pleurnicher, se plaindre*.
7. **to fumble :** *chercher à tâtons, tâtonner, fouiller* ; *chercher qqch à tâtons*, to fumble for sth.
8. **purse :** 1) *sac à main* ; 2) *porte-monnaie*.

Elle fronça les sourcils. « Je ne vois rien. Rien d'important en tout cas. J'ai bien perdu une boucle d'oreille ce jour-là, mais j'aurais pu la perdre n'importe où, et je ne l'ai pas signalé. Plus tard, je me suis demandé si elle s'était détachée dans la voiture ou dans la rue pendant que je me débattais. Croyez-vous que j'aurais dû en parler à la police ? »

« A l'heure actuelle ça semble un point mineur », répondis-je.

« Pour la police peut-être, mais pas pour moi », se plaignit-elle. « J'étais très attachée à cette boucle car elle faisait partie d'une paire qu'une personne très chère m'avait offerte il y a bien longtemps, très loin d'ici. »

Elle fouilla dans son sac à main, en sortit une boucle d'oreille solitaire et me la promena devant les yeux. « C'est pas chou, avec le petit cœur et le reste ? C'est du jade authentique, du moins je crois », dit-elle avec espoir.

Pour manifester un intérêt poli, je pris la boucle d'oreille pour la regarder de près. C'était un cœur vert, prétendument en jade, fixé à une chaînette en or, et orné d'une flèche d'or en diagonale. Sa seule valeur semblait être sentimentale.

« Très joli », fis-je en la lui rendant.

« C'est probablement idiot de la conserver, dit-elle rêveusement, surtout qu'il s'est probablement marié et m'a oubliée depuis longtemps. » Elle laissa tomber la boucle dans son sac avec un haussement d'épaule.

Nous approchions de la banque et je demandai : « Alors quel est votre verdict ?

---

9. **to dangle :** 1) *pendre, pendiller ;* 2) *balancer* (au bout d'un cordon, etc.).
10. **held it in my hand :** m. à m. : *je la tins à la main.* Notez l'emploi du possessif **my**. Cf. *il avait la pipe à la bouche,* **he had his pipe in his mouth**.
11. **to fasten :** ∆ pron. (U.S.) ['fæsən], (G.B.) ['fɑ:sən]. Le t n'est pas prononcé.
12. **years ago :** emploi rare de **ago** avec un **present perfect** (au lieu d'un **preterit**). S'explique ici car le caractère vague de **probably**, l'absence d'information précise et datée justifient ce **present perfect (he's probably married and forgotten me),** alors que **years ago** insiste sur le fait qu'il n'y a plus rien à faire, que c'est bien fini.

Apparently we haven't anything to go on[1] but your memory. Is Allen the man, or shall we write him off[2] ?"

"Oh, no, not at all !" she cried. "I'm just being cautious. If you forget the eyeglasses and the hair, this Allen Cutler's face is very close[3]. Oh, very ! Put a cap on him, take off the glasses, and I'd likely[4] say, 'That's the man !' "

"In that case —"

"But," she added hastily, "it doesn't mean I'm ready to accuse him openly to the police and the whole world. No, it would be foolish to go off halfcocked[5]. Very dangerous. Think how embarrassed I'd be[6] if I were wrong. And think of the harm it would do him. Why[7], he might even sue me. No, let's wait a bit. Close as you are, maybe you could dig up[8] some piece of concrete evidence[9], any little thing that would convince me I'm right in going to the police. Because once I tell them he is definitely the man, they'll believe me, and they'll turn him upside down[10]."

"Listen," I said, "I'm in no hurry to crucify[11] a man who might be innocent. So I'll nose[12] around, see what I can find. Meanwhile, if he's guilty, he'll know I suspect him, and he'll be apt to give himself away."

"Call me," she said, "the minute you have news. I hope it's soon because I'm cracking under the strain. I'm going[13] on vacation next week unless you find some real reason for me to postpone it."

---

1. **to have sth to go on :** *pouvoir partir de qqch, pouvoir se fonder, se baser sur qqch.*
2. **to write off :** *annuler, éliminer, supprimer* (à l'origine, retirer d'un document écrit).
3. **close :** pron. [kləus] s et non z.
4. **likely :** est le plus souvent adjectif mais peut aussi, comme ici, être adverbe = **probably**.
5. **half-cocked :** position du chien d'une arme à feu quand il est à mi-course, par opposition à *armé* (**full-cocked**), ce qui fait que l'on ne peut pas faire partir le coup en appuyant sur la gâchette. D'où l'idée de non-préparation.
6. **how embarrassed I'd be :** m. à m. : *à quel point je serais embarrassé.*

Apparemment nous ne pouvons compter que sur votre mémoire. Allen est-il notre homme, ou faut-il l'écarter ? »

« Oh non, pas du tout », s'écria-t-elle. « Je suis seulement prudente. Si on oublie les lunettes et les cheveux, le visage de cet Allen correspond d'assez près. Vraiment. Mettez-lui une casquette, enlevez les lunettes, et je dirai probablement : « c'est bien lui ! »

« Dans ce cas... »

« Mais », ajouta-t-elle précipitamment, « ça ne veut pas dire que je soit prête à l'accuser ouvertement auprès de la police devant le monde entier. Non, ce serait stupide de s'embarquer avec si peu de munitions. Très dangereux. Imaginez mon embarras si je me trompais. Et pensez au tort que cela lui ferait. En fait, il pourrait même me poursuivre. Non, attendez un peu. Proche de lui comme vous l'êtes, peut-être pourriez-vous dénicher une preuve matérielle, un petit détail qui me convaincrait que j'ai raison d'aller voir la police. Parce qu'une fois que je leur aurai dit que je suis certaine que c'est lui, ils me croiront et ils ne le lâcheront plus. »

« Ecoutez, dis-je. Je ne suis pas pressé de détruire un homme qui est peut-être innocent. Alors je vais commencer à fouiner pour voir ce que je peux trouver. Pendant ce temps-là, s'il est coupable, il saura que je le soupçonne, et il est possible que ça l'amène à se trahir. »

« Appelez-moi, demanda-t-elle, dès que vous aurez du nouveau. J'espère que ce sera bientôt parce que la tension me fait craquer. Je pars en vacances la semaine prochaine sauf si vous trouvez une bonne raison pour que je retarde mon départ. »

---

7. **why :** exclamatif indiquant la surprise, le renforcement d'une idée, ou une prise de conscience soudaine *(Tenez !)*.
8. **to dig up :** *déterrer, déraciner, trouver en creusant.*
9. **evidence :** collectif singulier *(les preuves),* d'où *une preuve,* **a piece of evidence.** Cf. **information,** *les renseignements,* d'où *un renseignement,* **a piece of information.**
10. **to turn upside down :** *mettre sens dessus dessous.*
11. **to crucify :** *crucifier, mettre au pilori, persécuter, martyriser.*
12. **to nose around :** *fureter, fouiner, fouiller, fourrer son nez.*
13. **I'm going on vacation next week :** valeur future du présent à la forme en **-ing**.

I told her we were bound to get some kind of break[1] in the next day or so, but as it turned out, I was wrong. Allen did not betray[2] the slightest sign of guilt. He was friendly, but no more so than usual. He kept the same hours and performed in his job[3] with the same deliberation, his manner unruffled[4]. He did not avoid mention of the meeting with Lynn Radford but spoke of it only in passing, as one might expect[5].

I tried his desk[6] for a clue while he was out to lunch. It was locked. I made plans to open it somehow on Monday, the day I often stayed overtime[7] to catch up[8].

I phoned Lynn Radford Friday morning and told her to go ahead[9] with her vacation, that Allen Cutler was either the slickest[10] operator on record[11] or a paragon[12] of innocence.

On Monday, I informed Blaine Whatley that I was staying over[13] to do some paperwork[14]. Naturally, I said nothing to Allen. People began to drift[15] out of the office at five, and by six there was the silence of desertion. I checked to be sure I was alone, then went to Allen's office, a gadget with which I hoped to unlock his desk in my pocket.

Allen's door was closed. I opened it and went in. I had seen him leave[16], but there he was, sitting behind his desk, and munching a sandwich and going through a stack of papers.

---

1. **break** : *chance, occasion favorable.* Give me a break ! *Donnez-moi une chance, laissez-moi ma chance.*
2. **to betray** : 1) *trahir* ; 2) *révéler, montrer, laisser voir.*
3. **performed in his job** : m. à m. : *se comporta dans son travail.* Cf. **performance,** *comportement, résultats.*
4. **unruffled** : *imperturbable, calme, serein.* De **to ruffle,** *ébouriffer, hérisser, froisser, rider la surface de l'eau.*
5. **as one might expect** : notez l'absence du complément après **expect.** Cf. **as people think,** *comme le croient les gens* ; **as we believe,** *comme nous le croyons* ; **as you know,** *comme vous le savez.*
6. **desk** : l'ambiguïté du français *bureau* (meuble = **desk,** pièce = **office**) amène à parler de *tiroirs.*
7. **overtime** : to do overtime, to work overtime, *faire des heures supplémentaires.*
8. **to catch up** : *rattraper ;* to catch up with lost time, *rattraper le temps perdu.*

Je lui prédis que quelque chose nous mettrait forcément sur la piste d'ici un jour ou deux, mais les faits me donnèrent tort. Allen ne manifesta pas le moindre signe de culpabilité. Il se montra amical, mais pas plus que d'habitude. Il ne changea rien à ses horaires et continua de faire preuve dans son travail du même calme serein. Il n'évita pas de parler de la rencontre avec Lynn Radford, mais ne la mentionna qu'en passant, comme il était naturel.

Pour trouver un indice, j'essayai de visiter les tiroirs de son bureau pendant qu'il déjeunait. Ils étaient fermés à clé. Je projetai de les ouvrir d'une façon ou d'une autre le lundi, jour où je restais souvent tard pour me mettre à jour dans mon travail.

Je téléphonai à Lynn Radford le vendredi matin et lui dis qu'elle pouvait partir en vacances, qu'Allen Cutler était le plus astucieux gredin que la terre ait produit, ou l'innocence faite homme.

Le lundi, j'informai Blaine Whatley que je resterai après la fermeture pour compléter des dossiers. Bien entendu je ne dis rien à Allen.

Le personnel commença à quitter le bureau par petits groupes à cinq heures, et à six heures les lieux étaient silencieux et déserts. Je m'assurai que j'étais bien seul avant de me diriger vers le bureau d'Allen, avec dans ma poche un instrument dont j'espérais qu'il me permettrait d'ouvrir ses tiroirs.

Le bureau d'Allen était fermé. J'ouvris la porte et entrai. Je l'avais vu partir et pourtant il était là, assis derrière son bureau, mâchonnant un sandwich et examinant une pile de documents.

---

9. **to go ahead :** *aller de l'avant, y aller ;* **to give the go-ahead,** *donner le feu vert.*
10. **slick :** *habile, adroit.*
11. **on record :** *enregistré, donc connu.*
12. **paragon :** *parangon, modèle, archétype.*
13. **staying over :** staying overtime.
14. **paperwork :** 1) *travail administratif, mise à jour de dossiers ;* 2) *paperasserie.*
15. **to drift :** 1) *dériver ;* 2) *s'écouler, circuler en petits groupes.*
16. **I had seen him leave :** verbe de perception (**to see**) + infinitif sans **to.** Cf. **I heard him laugh,** *je l'ai entendu rire.*

It must have been[1] obvious from my look of gaping[2] surprise that I expected him to be absent and was preparing to snoop[3] in his office.

"Well, well," he said heartily, "I guess you heard the news, and you've come to say farewell to your old buddy[4]. What marvelous clairvoyance[5] that you should know I would come back to clean out[6] my desk."

"What news ?" I said dumbly[7].

"Sit down, sit down," he said.

I sat, though something in his expression told me I should run. "What news ?" I repeated.

"I'm leaving," he answered cheerfully. "Didn't Whatley give you the scoop[8] ? Well, I suppose not since I quit[9] this afternoon at closing, and Whatley is too choked[10] up to speak."

"You resigned ?"

"Yup[11]. I'll be gone for good in an hour. I offered to hang on a couple of weeks while Blaine found a new boy, but he was furious, didn't think he could bear the sight of me for another day."

"Sorry, but I just don't get it[12]."

He took a bite of his sandwich. "For years," he said, "I've been living[13] in a one-room apartment, squeezing a buck[14] and saving my coin for the knock of opportunity. Today over lunch, I closed a deal with Len Kaplan. I'm buying him out[15]."

"Kaplan ? Peerless Employment Agency ?"

---

1. **it must have been obvious :** *cela devait être évident.*
2. **to gape :** 1) *béer, être béant, grand ouvert ;* 2) *être bouche bée, avoir la bouche grande ouverte.* Indique une attitude ahurie ou hébétée.
3. **to snoop :** *fureter, fouiner, fourrer son nez partout.*
4. **buddy :** *copain, pote.*
5. **clairvoyance :** *voyance, don de double vue.* Le français *clairvoyance* se traduira par **penetration, perspicacity, acumen, discernment, clear-sightedness.**
6. **to clean out :** *débarrasser totalement, nettoyer complètement, éliminer totalement.*
7. **dumbly** ['dʌmli] : de **dumb** [dʌm] : 1) *muet :* 2) *sot, stupide, bête.*
8. **scoop :** terme de journalisme, *nouvelle sensationnelle* que l'on est le premier à publier, *scoop.*

Mon expression ahurie dut clairement indiquer que j'étais sûr qu'il ne serait pas là et que je me préparais à fureter dans son bureau.

« Tiens, tiens », dit-il avec cordialité. « Alors tu as appris la nouvelle et tu es venu dire adieu à ton vieux copain. Ma parole il faut que tu aies un don de divination pour avoir su que je reviendrai vider mon bureau. »

« Quelle nouvelle ? » demandai-je d'un air ahuri.

« Assieds-toi, assieds-toi », dit-il.

Je m'exécutai, malgré je ne sais quoi dans son expression qui m'incitait à détaler. « Quelle nouvelle ? » répétai-je.

« Je m'en vais d'ici », répondit-il joyeusement. « Whatley ne t'a pas mis au courant ? En fait, je suppose que non puisque j'ai démissionné cet après-midi à la fermeture, et Whatley est trop suffoqué pour ouvrir la bouche. »

« Tu as remis ta démission ? »

« Eh oui. Je serai parti définitivement dans une heure. J'ai offert de rester une semaine ou deux, le temps que Blaine trouve à me remplacer, mais il était si furieux qu'il n'a pas cru pouvoir supporter de me voir un jour de plus. »

« Désolé, mais je n'y suis pas du tout. »

Il mordit dans son sandwich. « Depuis des années, dit-il, je vis dans un appartement d'une pièce, en faisant durer chaque dollar, et en économisant sou à sou pour être prêt à saisir ma chance. Aujourd'hui, au déjeuner, j'ai fait affaire avec Len Kapland. Je rachète son entreprise. »

« Kaplan ? L'Agence de Placement Sans Egal ? »

---

9. **to quit,** quitted, quitted ou (ici), **quit, quit** : 1) *abandonner, renoncer à, cesser de, laisser tomber ;* **to quit** smoking, *arrêter de fumer ;* 2) (ici) *démissionner.*
10. **choked up :** 1) *suffoqué, étouffé* (par l'émotion, l'indignation) ; 2) *engorgé, obstrué, bouché.*
11. **yup** ou **yep :** (très) familier pour **yes.** Cf. **nope** pour **no.**
12. **I don't get it :** to get au sens de *comprendre, suivre.* Got it ? *T'as compris ?*
13. **for years I've been living :** cas classique de l'emploi du **present perfect.**
14. **squeezing a buck :** *tirant le maximum d'un dollar* (fam. **a buck**), comme on presse un citron jusqu'à la dernière goutte.
15. **to buy someone out :** *racheter* (une société, etc.) *à son propriétaire, désintéresser qqn.*

"Right. It's not the biggest in town, but it'll be the best and maybe the biggest, too, when[1] I reorganize and build it to its full potential[2]. I'm taking a couple of Whatley's people along with me — Sandra Thompson and Joe Briggs, as a matter of fact[3] — and that's why Blaine is sore at me. I had to offer them more dough[4] than that tightwad[5] pays them, of course. But I want people I can trust, people who are loyal. How about you, Don ? Certainly I could trust *you*. Certainly I could count on your absolute loyalty. Would you care[6] to join up as my right arm ?"

"Well, I don't know, Allen," I said with the straightest face[7] I could muster[8]. "I'm pretty well entrenched[9] here. There's at least a feeling of security, and I'm not much of a gambler[10] on new ventures[11]."

"My, my[12]," he crooned[13], "I do believe you're trying to tell me you're in Whatley's camp, Don. Perhaps he sent you to spy on the enemy, huh ? Well, if there's anything I can't bear, it's being betrayed by a friend."

"That's ridiculous !" I answered. "You must be kidding."

Methodically, he began to open drawers, piling items on the desk, among these a great yawning[14] .45 automatic which, however casually placed[15], appeared to be aimed precisely in my direction.

---

1. **when I reorganize :** present au lieu du futur français après **when** au sens de *lorsque.* Notez par ailleurs que l'anglais n'exige pas une concordance du type **when I have reorganized.**
2. **to its full potential :** formule stéréotypée de la langue des cadres, d'où sa traduction.
3. **as a matter of fact :** *en fait, en réalité, à la vérité, à vrai dire.*
4. **dough** [dəu] : vulgaire pour *argent* = « fric », « oseille », « pognon ».
5. **tightwad :** *avare, pingre.* De **tight,** *serré,* et **wad,** *liasse.*
6. **would you care to... :** *est-ce que cela te plairait, te dirait de... ?*
7. **straightest face :** to keep a straight face, *ne pas broncher, ne pas laisser voir son émotion (ou son amusement).*
8. **to muster :** *rassembler.*

« Oui. Ce n'est pas la plus grosse agence de la ville, mais ce sera la meilleure — et peut-être aussi la plus grosse — quand je l'aurai réorganisée et que j'aurai optimisé son potentiel. J'emmène avec moi deux personnes de chez Whatley — Sandra Thompson et Joe Briggs pour être précis. C'est pourquoi Blaine est furieux après moi. Il a fallu que je leur offre plus de fric que ne leur en verse ce grippe-sou, bien entendu. Mais je veux des gens à qui je puisse faire confiance, qui soient loyaux. Et toi, Don, qu'en dis-tu ? Je sais que je peux te faire confiance, à *toi*. Je sais que je pourrais compter sur ta totale loyauté. Serais-tu prêt à me suivre en devenant mon bras droit ? »

« Eh bien, je ne sais pas, Allen », dis-je, en faisant de mon mieux pour avoir l'air sincère. « J'ai réussi à faire mon trou ici. On y a au moins un sentiment de sécurité, et je n'ai pas vraiment un tempérament à prendre des risques. »

« Hé bien, hé bien », murmura-t-il. « J'ai bien l'impression que tu es en train de me dire que tu es dans le camp de Whatley, Don. Peut-être t'a-t-il envoyé espionner l'ennemi, hein ? Vrai, s'il y a quelque chose que je ne supporte pas, c'est d'être trahi par un ami. »

« C'est ridicule ! » m'écriai-je. « Tu plaisantes, non ? »

Il se mit à ouvrir méthodiquement les tiroirs, entassant des objets sur le bureau, parmi lesquels un gros 45 automatique qui, négligemment posé là, n'en semblait pas moins pointer son canon béant précisément dans ma direction.

---

9. **entrenched :** *retranché, solidement installé, indélogeable.*

10. **gambler :** *joueur ;* **to gamble,** 1) *jouer (de l'argent) ;* 2) *prendre des risques.*

11. **venture :** *entreprise* (notamment commerciale) impliquant un risque.

12. **My, my :** *oh la la ! sapristi !*

13. **to croon :** *fredonner, chanter à mi-voix, chantonner* (souvent avec tristesse).

14. **to yawn :** 1) *béer, être béant ;* 2) *bâiller.*

15. **however casually placed :** m. à m. : *quelque négligemment placé qu'il fût.* Dans de telles constructions, on peut faire l'économie du verbe (**however casually placed it was**). **Every detail, however small [it may be], has its importance,** *chaque détail, même mineur, a son importance.*

"Strange[1]," he muttered, "the sort of peculiar junk[2] a man accumulates in his desk which has no place in an office." He picked up the weapon[3] and held it carelessly canted[4] toward my chest. "I don't know why, Don," he said, "but of late I've had the feeling that you've become hostile toward me."

"Not at all," I said hastily, forcing my eyes away from the gun as if ignoring[5] it would render it harmless. "I can't imagine how you got that impression, Allen."

"I always thought that we were rather good friends," he continued, leaning back in his chair[6] and raising the barrel of the .45 slightly. "But now —"

"Nonsense[7]!" I interrupted. "We *are* good friends, Allen. You mustn't assume[8], you mustn't jump to false conclusions[9] just because —"

"I have no conclusions, only intuitions," he snapped[10]. He leaned forward suddenly and decisively, leveling the gun at my head. "And these intuitions tell me that you're an enemy, a dangerous threat to my future."

He thumbed[11] back the hammer, cocking the gun with a snick[12] of sound that caused a centipede of fear to scramble up my back[13].

"Put down that gun, Allen, and let's talk calmly[14]!" I said in a voice that was anything but calm. "Now, listen, Allen, I was only curious, playing a little game. I never intended to turn you in, you know."

---

1. **strange :** ∆ pron. [streɪndʒ]. Cf. **change, range.** Son [eɪ] et non [e].
2. **junk :** *camelote.*
3. **weapon :** ∆ pron. ['wepən].
4. **canted :** de to cant, *incliner, pencher.*
5. **to ignore :** ▲ *feindre d'ignorer, faire semblant de ne pas voir* etc. ; *ignorer,* not to know.
6. **chair :** signifie *chaise* ou *fauteuil.* **Armchair** désignant surtout *un fauteuil de salon.*
7. **nonsense :** *absurdité, ineptie.*
8. **you mustn't assume :** l'émotion empêche Don de terminer sa phrase ; **to assume,** *présumer, tenir comme établi.*
9. **to jump to conclusions :** m. à m. : *sauter aux conclusions, tirer des conséquences hâtives de qqch.*

« Curieux », marmonna-t-il. « Tous ces machins qu'on accumule dans son tiroir et qui n'ont rien à faire dans un bureau. » Il prit l'arme et la tint nonchalamment dirigée vers ma poitrine. « Je ne sais pas pourquoi, Don », dit-il « mais depuis quelque temps j'ai l'impression que tu ressens de l'hostilité à mon égard. »

« Pas du tout », dis-je précipitamment, me forçant à ne pas regarder le revolver comme si le fait de l'ignorer pouvait le rendre inoffensif.

« Je ne vois pas du tout comment tu as pu imaginer ça, Allen. »

« J'ai toujours pensé que nous étions plutôt copains », continua-t-il en se renversant dans son fauteuil et en relevant légèrement le canon du 45. « Mais maintenant ... »

« Absurde ! » interrompis-je. « *Bien sûr* qu'on est copains, Allen. Tu ne vas pas supposer, tu ne vas quand même pas te faire des idées fausses, juste parce que ... »

« Je ne me fais pas d'idées, j'ai des intuitions », répondit-il d'un ton sec.

Il se pencha soudain en avant avec décision, pointant l'arme vers ma tête. « Et ces intuitions me disent que tu es un ennemi, une grave menace pour mon avenir. »

Du pouce, il fit basculer le chien, armant le revolver avec un bruit métallique qui me fit tressaillir, un frisson de terreur se propageant le long de ma moelle épinière.

« Pose ce revolver, Allen, et discutons calmement ! » dis-je d'une voix qui était tout sauf calme. « Allons, écoute, Allen, j'étais seulement curieux, ce n'était qu'un jeu. Je n'ai jamais eu l'intention de te dénoncer, tu sais. »

---

10. **to snap :** 1) *claquer, faire un bruit sec ;* 2) *dire d'un ton sec, cassant ;* 3) *se rompre, se casser avec un bruit sec.*
11. **he thumbed :** de to thumb, *faire un mouvement* ou *un geste avec le pouce* (**the thumb**) ; le **b** n'est pas prononcé [θʌm].
12. **snick :** *petit bruit sec.*
13. **... back :** m. à m. : *qui fit grimper un scolopendre (mille-pattes) de terreur le long de mon dos.*
14. **calmly :** prononciation ['ka:mlɪ]. Le premier **l** n'est pas prononcé. De même **calm** [ka:m]. Notez que le **l** n'est pas prononcé dans les groupes **alf** (**half**, **calf**, *veau*), **alk** (**walk**, **talk**, etc.) et **alm** (**palm**, *paume*) ni dans **could**, **should**, **would**.

"Turn me in ?" he mocked. "What does that mean, turn me in ? For what ? And who were you going to turn me in to ? Whatley ?" He laughed bitterly, lips sneeringly [1] twisted as his finger took up slack [2] in the trigger.

"It doesn't matter, I wouldn't believe you, anyway," he said as I groped [3] for an answer.

He extended his arm, and the malevolent [4] maw [5] of the gun seemed about to swallow me. One eye closed wickedly [6] behind the glasses, the other sighted.

Then he pulled the trigger.

The hammer fell, there was a spurt [7] of flame. It came not from the barrel but from the bullet chamber, which had sprung open with a muted [8] snap. Whereupon, using his other hand, Allen Cutler delivered a cigarette to his mouth and gave it fire [9] from the narrow butane jet of his .45 caliber cigarette lighter.

Again he pulled the trigger, and the flame vanished. He placed the fake gun on the desk and leaned back, crossing his arms. His spreading grin became a snicker [10], a chuckle [11], a laugh [12]. The laugh rose and fell, sputtered [13], began again, diminished convulsively, died with a gurgle.

Allen removed his glasses and peered at me through tears of mirth [14]. Perhaps it was only the wash [15] of my relief, but at that moment I could not see his resemblance to the composite bank robber. He was just an adult kid with a perverse sense of humor [16].

---

1. **sneeringly** : to sneer, *avoir une expression* ou *un ton méprisant, tenir des propos méprisants.*
2. **to take up slack** : *réduire le jeu* (d'une pièce mécanique) ; slack, *mou, ballant, jeu* ; adj. slack, *détendu, desserré, qui a du mou, du jeu, mou.*
3. **to grope (for sth)** : *tâtonner, chercher à tâtons, avancer à l'aveuglette.*
4. **malevolent** : *malveillant, haineux.*
5. **maw** : *gueule* (d'un animal féroce).
6. **wickedly** : de wicked ('wıkıd), *mauvais, méchant, pervers.*
7. **spurt** : 1) *effort soudain* ; 2) (ici) *jaillissement soudain* (liquide, flamme).
8. **muted** : *assourdi.* De to mute, *amortir, étouffer, assourdir* (un son).

« Me dénoncer ? » railla-t-il. « Ça veut dire quoi, me dénoncer ? Pour quel motif ? Et à qui allais-tu me dénoncer ? A Whatley ? » Il eut un rire amer, les lèvres crispées en un rictus méprisant tandis que son doigt commençait à presser la détente.

« Ça n'a pas d'importance, de toute façon je ne te croirais pas », dit-il alors que je cherchais désespérément une réponse.

Son bras se tendit, et la gueule menaçante de l'arme parut vouloir m'avaler. Derrière les lunettes, un œil s'était fermé, sinistre, l'autre visait. Puis il pressa la détente.

Le chien retomba, une flamme jaillit. Elle venait non du canon, mais de la chambre du revolver, qui s'était ouverte dans un léger déclic. Sur quoi, de sa main libre, Allen Cutler porta une cigarette à ses lèvres et l'alluma au mince jet incandescent de son briquet calibre 45.

Il pressa à nouveau la détente, et la flamme s'évanouit. Il reposa le faux revolver sur son bureau et se renversa dans son fauteuil en croisant les bras. Son sourire s'élargit, fit place à un rire étouffé, puis à un gloussement qui explosa en un éclat de rire. Un fou rire en cascade, entrecoupé de hoquets, s'enflant à nouveau pour s'étouffer convulsivement et s'éteindre en gargouillis.

Allen retira ses lunettes et me fixa à travers des larmes d'hilarité.

Peut-être n'était-ce que l'effet de mon soulagement mais sur le coup je ne lui trouvais plus rien de commun avec le portrait robot du malfaiteur. C'était juste un adolescent prolongé avec un sens perverti de l'humour.

---

9. **fire** : fait allusion à la flamme du briquet. Ne doit pas faire oublier que *demander du feu* se dit **to ask for a light**.
10. **a snicker** ou **snigger** : *rire contenu, rire de dérision* ; verbe **to snicker, to snigger**.
11. **a chuckle** : *rire étouffé, gloussement de satisfaction* ; verbe **to chuckle**.
12. **laugh** : ∆ prononciation (U.S.) [læf], (G.B.) [lɑ:f].
13. **to sputter** : *crachoter, grésiller, crépiter*.
14. **mirth** : *allégresse, joie débordante, hilarité*.
15. **the wash** : *le sillage* (d'un navire, etc.). La vague de terreur ressentie par Don est retombée.
16. *avoir le sens de l'humour*, **to have a sense of humor** (G.B. : **humour**). Notez l'emploi de l'article indéfini **a**.

He knuckled[1] the tears from his eyes and readjusted the glasses. He patted the .45 lighter affectionately. "Exact copy. Spied it the other day in one of those novelty shops where they got everything from itching[2] powder to rubber snakes. Great little gag, what[3] ?"

"Yeah, great," I said limply[4]. "Very funny."

"Makes you laugh so hard you think you'll die[5]," he said. The smile left his face abruptly. "Look, Don, I wasn't pulling your leg[6] about the job offer[7]. Good people are hard to find, and I need you. Everyone has his price. What's yours ?"

"Well, right now, Allen, I'm not ready to —"

"How about five thousand out front[8] as a bonus ? Say the word[9] and I'll write you a check this minute."

"Five thousand ?"

"Five grand[10], Don."

I saw the strings[11], smelled the bribe[12]. Money paid for silence. "It's mighty[13] tempting," I said. "But I'm the cautious type. Let's wait until you get rolling, then we'll see."

"Think about it, kiddo[14]," he said. "And when you're ready[15], let me know."

He had a big fat smile[16] on his face when I left, but his eyes were malevolent. I knew that when I had failed to accept his five-grand offer, he had become a dangerous enemy.

I went back to my office and waited nervously for him to go home.

---

1. **to knuckle :** *frotter* ou *frapper avec le poing ;* **knuckle,** *articulation, jointure des doigts.*
2. **to itch :** *démanger, « gratter ».*
3. **what :** *appelle l'adhésion de l'interlocuteur :* what do you think ?
4. **limply :** *de* limp, *mou, flasque.*
5. m. à m. : *(ça) vous fait rire si fort que vous pensez que vous allez mourir.*
6. **to pull someone's leg :** *faire marcher qqn, plaisanter.*
7. **job offer :** *offre d'emploi.*
8. **out front :** *d'avance, réglé au départ.* Terme employé dans les négociations commerciales et financières pour désigner une somme payée d'emblée, indépendamment des versements ultérieurs.
9. **to say the word :** 1) *donner l'ordre* (« vous n'avez qu'un

Il se frotta les yeux et remit ses lunettes. Il tapota affectueusement le briquet revolver.

« Reproduction fidèle. L'ai repéré l'autre jour dans une de ces boutiques spécialisées où ils ont tout depuis le poil à gratter jusqu'au serpent en caoutchouc. Un sacré bon gag hein ? »

« Ouais, super », dis-je sans conviction. « Très amusant. »

« C'est à mourir de rire », dit-il. Son sourire s'effaça soudain. « Ecoute, Don, mon offre n'était pas une plaisanterie. C'est pas facile de trouver de bons professionnels, et j'ai besoin de toi. Tout le monde a son prix. Quel est le tien ? »

« Eh bien, pour l'instant, Allen, je ne suis pas prêt à... »

« Que dirais-tu d'une prime de 5 000 pour commencer ? Tu n'as qu'à dire oui et je te fais le chèque tout de suite. »

« Cinq mille ? »

« Cinq mille dollars, Don. »

Je voyais les ficelles, la tentative de corruption était claire : l'argent du silence.

« C'est drôlement tentant », dis-je. « Mais je suis du genre prudent. Attendons que tu aies démarré et alors on verra. »

« Penses-y bien, mon gars », reprit-il. « Et quand tu seras prêt, fais-moi signe. »

Quand je quittai la pièce, son visage était tout sourire, mais il me fusillait du regard. Je savais qu'en n'acceptant pas son offre de 5 000 dollars je m'en étais fait un ennemi implacable.

Je retournai à mon bureau et j'attendis impatiemment qu'il rentre chez lui.

---

mot à dire ») ; 2) *donner son accord, son consentement.*
10. **grand** (invariable) : (fam.) *mille dollars.*
11. **string :** cf. to pull the strings, *tirer les ficelles.*
12. **bribe :** *pot de vin ;* to **bribe,** *corrompre, acheter, soudoyer, offrir des pots de vin ;* **bribery,** *corruption.*
13. **mighty :** 1) (adj.) *puissant ;* 2) (intensif) *très drôlement, terriblement, « fichtrement ».*
14. **kiddo :** (fam.) de **kid** *(enfant) ;* comparable au français *mon p'tit père, mon pote,* etc.
15. **when you're ready :** présent au lieu du futur après **when** = *lorsque.*
16. **big fat smile :** l'anglais peut enchaîner des adjectifs sans ponctuation.

Fortunately, the clean-up crew arrived, and as if on cue[1], Cutler departed, a briefcase[2] under his arm.

The big scare with the fake gun had not exactly endeared him to me, and now, twice determined[3], I reentered his office. His desk was empty, of course, but his wastebasket was loaded with discarded junk[4].

I carried the basket to my office and sifted[5] the contents minutely[6]. There were stubs of pencils, a dried-up ballpoint[7], bent paper clips, torn business letters, cards[8] and receipts[9] for this and that, plus the leavings of his sandwich in waxed[10] paper.

I uncovered no curious items until I pieced together with clear tape the torn fragments of a receipt for a valve job on his Mercury convertible, this accomplished by Hickman Motors, Inc.[11], Lincoln-Mercury-Ford dealers, sales and service[12].

Nothing strange about that, no clue offered — until I noticed the *date* of this valve job. The motor overhaul had been done on the very same day of the robbery. Now, on that day, what if anything in the way of a car[13] did Cutler drive while his Mercury was in for repair?

A big outfit[14] like Hickman, I reasoned, would probably furnish a loaner[15]. Nothing splendid, of course. Just a nice little transportation car, maybe from their used-car[16] lot[17] — like a beige Ford sedan.

---

1. **cue :** dernier(s) mot(s) de la tirade d'un acteur, annonçant à celui qui lui donne la réplique que c'est à lui d'intervenir. D'où le sens de *signal, mot d'ordre* ; **on cue**, « *pile* », *au bon moment, comme à un signal*.
2. **briefcase :** *serviette, porte-documents, mallette*. Brief, *dossier*.
3. **to determine :** ∆ prononciation [dɪˈtɜːmɪn] : [ɪ] et non [aɪ]. De même, **to examine** [ɪɡˈzæmɪn].
4. **to discard :** *mettre au rancart, au rebut, mettre de côté, abandonner*.
5. **to sift :** *passer au crible, démêler, filtrer, examiner minutieusement, trier*.
6. **minutely :** de **minute**, *minutieux*. ∆ prononciation (U.S.) [maɪˈnuːtlɪ], (G.B.) [maɪˈnjuːtlɪ].
7. **ball-point** = ball-point pen.

Heureusement, l'équipe de nettoyage arriva et, comme s'il n'avait attendu que cela, Cutler s'en alla, son porte-documents sous le bras.

Je n'étais pas près de lui pardonner la peur panique que j'avais ressentie devant le faux revolver et c'est avec une détermination renforcée que je pénétrai à nouveau dans son bureau. Les tiroirs étaient vides, bien entendu, mais la corbeille à papiers débordait de tout ce qu'il y avait jeté.

Je l'emportai dans mon bureau et me mis à en trier minutieusement le contenu. J'y trouvai des bouts de crayons, un stylo-bille vide, des trombones déformés, des lettres d'affaires déchirées, des fiches et des reçus pour ceci ou cela, plus les restes de son sandwich dans le papier qui l'enveloppait.

Je ne découvris rien d'intéressant jusqu'à ce que je reconstitue (en en recollant avec du scotch transparent les fragments déchirés) une facture de réparation de soupape sur son cabriolet décapotable Mercury. Le reçu provenait du garage Hickman, concessionnaire Lincoln-Mercury-Ford.

Rien de bizarre dans tout cela, aucun début de piste... jusqu'à ce que je remarque la *date* de la réparation de soupape. La révision du moteur avait été faite le jour même du hold-up. Alors, ce jour-là, quelle voiture conduisait donc Cutler s'il en utilisait une pendant que la sienne était en réparation ? Je me dis qu'une grosse boîte comme Hickman fournissait probablement un véhicule de remplacement. Rien de grandiose, bien sûr, juste de quoi rouler, peut-être une petite voiture de leur parc d'occasions — comme la conduite intérieure Ford beige.

---

8. **cards** : *carte* ou plutôt *fiche* (**index-cards**).
9. **receipt** : ∆ prononciation [rɪ'siːt]. Le **p** n'est pas prononcé.
10. **waxed** : 1) *enduit de cire, ciré* ; 2) (papier) *imperméable, glacé* (pour emballer ou envelopper).
11. **inc.** : **incorporated**, indique une société anonyme.
12. **sales and services** : *ventes et réparations*.
13. **what if anything** : m. à m. : *quoi si qqch en fait de voiture*.
14. **outfit** : fam. au sens d'*organisation, entreprise*.
15. **loaner** : *véhicule de prêt* ; de **to loan** (v.s.), *prêter*.
16. **used-car** : aussi, **second-hand car**.
17. **lot** : cf. **parking lot**, *parc de stationnement*.

I expected that Hickman's new-car sales and service departments would be closed, while no doubt the used-car lot would be open until nine. I used the phone, and in answer to my question about loaners, a salesman told me I would have no problem. When I turned my car in [1] for repairs, the service rep [2] would provide me with some sort of transportation.

Satisfied, I asked no further questions. In the morning, when the service department opened at eight, I would be on tap [3] with a story which would surely uncover the beige Ford for my inspection. If so, when Lynn Radford returned, and I took her down [4] for a close [5] look at the car, she just might notice one or two items for identification which had escaped her memory [6] in the excitement [7].

Now the whole caper [8] was clear enough. In all seeming [9] innocence, we arrange to have the old bus [10] overhauled [11], drive off in a loaner, switch to [12] stolen plates, rob bank, restore genuine tags, return loaner. Simple !

Just a little proud of myself, I stuck [13] the Hickman repair ticket in my pocket, delivered the wastebasket to Cutler's vacated office, and went down to my car.

Next morning, when Hickman's service department opened, I was there. I went to the service desk and told one of the white-clad [14] reps that I had lost my wallet, and it could be in one of the loaners — a beige Ford sedan.

---

1. **to turn in :** 1) *ramener, rentrer* ; 2) *se coucher, se mettre au lit.*
2. **rep :** representative, *représentant, vendeur,* ici *contremaître du service des réparations.*
3. **on tap :** 1) *bon à être tiré* (pour de la bière) (de tap, robinet) ; 2) *disponible, prêt sur place* ; **to tap :** 1) *mettre en perce* ; 2) *exploiter, tirer parti de* ; 3) *mettre sur table d'écoute.*
4. **and I took her down :** dépend toujours de **when** (and when I took her down) ; prétérit à valeur de conditionnel.
5. **close :** △prononciation [kləus], s et non z.
6. **memory :** m. à m. : *qui avaient échappé à sa mémoire.*
7. **excitement :** *agitation, animation, vive émotion, surexcitation.*

Je m'attendais à ce que le service des ventes de voitures neuves et le service réparations de chez Hickman soient fermés, alors que le parking des voitures d'occasion resterait ouvert jusqu'à neuf heures. J'appelai le garage au téléphone et en réponse à ma question sur les voitures prêtées en dépannage, un vendeur me dit que je n'aurais aucun problème. Quand j'amènerais ma voiture pour les réparations, le contremaître me fournirait un véhicule.

Satisfait, je ne posai pas d'autres questions.

Le lendemain matin, à 8 heures, quand le service réparations ouvrirait, j'aurais préparé une histoire qui me permettrait sûrement d'avoir accès à la Ford beige pour l'examiner. Alors, quand Lynn Radford reviendrait, je l'emmènerais regarder la voiture de près et il se pourrait bien qu'elle remarque un ou deux détails révélateurs qu'elle n'avait pas retenus dans l'affolement du moment.

Le scénario devenait clair. En toute innocence, on s'arrange pour faire revoir la vieille bagnole, on repart avec une voiture de prêt, on monte de fausses plaques, on attaque la banque, on remet les vraies plaques, on ramène le véhicule prêté. Le tour est joué.

Pas trop mécontent de moi, je glissai dans ma poche la facture de réparation du garage Hickman, je rapportai la corbeille à papiers dans le bureau vide de Cutler, et je descendis prendre ma voiture.

Le lendemain, je me présentai chez Hickman à l'ouverture de l'atelier de réparations. J'allai à la réception et déclarai à l'un des contremaîtres en blouse blanche que j'avais perdu mon portefeuille et qu'il était peut-être resté dans une des voitures qu'ils prêtaient en dépannage — une conduite intérieure Ford beige.

---

8. **caper :** 1) *cabriole, gambade* ; 2) *opération discutable, illégale* ou *immorale.*
9. **seeming :** *apparent, en apparence, soi-disant.*
10. **bus :** familier pour *voiture.*
11. **to overhaul :** *réviser, examiner en détail, revoir en détail ; remettre en état.*
12. **to switch to :** *changer pour, passer à.*
13. **to stick, stuck, stuck :** 1) *enfoncer, ficher* ; 2) *coller.*
14. **white-clad :** *vêtu de blanc* ; **clad** est l'ancienne forme du p.p. (et du prétérit) du verbe **to clothe.**

He scowled[1] and said there was no beige Ford sedan in use as a loaner. Did I mean the *gray*[2] Ford sedan ?

I said I hadn't paid much attention to the color ; that was probably it. He said no wallet had been turned in, or it would be in the desk drawer in the office where they kept lost articles. And as of[3] a few minutes ago when he deposited a forgotten pen in the drawer, it did not contain a wallet.

I followed him out behind the garage to a parking enclosure[4] where he pointed to a dusty, gray Ford sedan, which I judged to be a '66 or '67. I crossed to it, opened the door, and leaned inside. He was watching me, so I made a big search, hunting around[5] on the floor in front while noting the color and appearance of the interior. Then I bent to peer under the seat where there were all kinds of paper and scraps[6], butts[7] and other debris — plus something of shiny green and gold[8] which positively startled me ! I almost shouted.

I groped for it, sneaked[9] it into my pocket, backed out[10], shut the door, and returned to him. "No luck[11]," I grumbled. "Maybe it went to the cleaners with one of my suits."

Down the block I parked and took a good look. Sure enough, it was the mate[12] to Lynn's earring, complete with gold chain attached to green jade heart[13] with slanting[14] gold arrow.

---

1. **to scowl :** *se renfrogner, prendre un air maussade, froncer les sourcils, faire la grimace.*
2. **gray :** *ou* grey.
3. **as of :** introduit une date ou un moment précis : *pas plus tard que...* A souvent une valeur juridique : **the new regulation will take effect as of June 1st,** *le nouveau règlement entrera en vigueur à dater du 1er juin.*
4. **enclosure :** 1) *clôture, enceinte, enclos ;* 2) *pièce jointe.*
5. **to hunt around** (ou **about**) **for sth :** *chercher à découvrir.*
6. **scrap :** *petit morceau, bout, fragment, bribe, morceau ;* scraps, *débris, déchets, restes ;* to scrap, *mettre au rancart, au rebut, abandonner* (un projet).
7. **butt :** 1) *mégot ;* 2) *souche.*

Il fronça les sourcils en disant qu'il n'y avait pas de Ford beige parmi les véhicules de prêt. A moins que je ne veuille dire la conduite intérieure Ford grise ?

Je répondis que je n'avais pas vraiment fait attention à la couleur, mais que c'était probablement ça. On n'avait pas retrouvé de portefeuille ou alors il serait dans le tiroir du bureau de réception, là où on mettait les objets perdus. Et quand il y avait déposé, quelques minutes plus tôt, un stylo qu'il avait trouvé, le portefeuille n'y était pas.

Je le suivis jusqu'à un parking derrière le garage où il me montra une conduite intérieure Ford grise, recouverte de poussière, qui avait l'air d'un modèle de 66 ou 67. Je me dirigeai vers elle. Ouvris la porte et me penchai à l'intérieur. Il m'observait, aussi m'absorbai-je dans ma recherche, examinant le plancher à l'avant tout en enregistrant la couleur et l'aspect des garnitures. Je me courbai ensuite pour regarder sous le siège où se trouvaient toutes sortes de morceaux de papier, des mégots et autres saletés, ainsi qu'un objet, partie or partie vert brillant, dont la vue me fit sursauter. Je faillis m'exclamer bruyamment.

Je m'en saisis à tâtons et le glissai discrètement dans ma poche, m'extrayai de la voiture, fermai la porte et rejoignis le contremaître. « Il n'est pas là », grommelai-je. « Peut-être qu'il est parti au nettoyage avec un de mes complets. »

Je me garai quelques immeubles plus loin pour examiner ma trouvaille de plus près. Aucun doute, c'était la sœur de la boucle d'oreille de Lynn. Rien ne manquait : la chaînette d'or était fixée au cœur de jade lui-même orné de la flèche d'or en diagonale.

---

8. **gold :** *or,* plutôt que *doré* qui serait **golden** (couleur) ou **gilded**.
9. **to sneak :** *agir furtivement, en catimini, sournoisement.*
10. **backed out :** *sortis à reculons.*
11. **no luck :** m. à m. : *pas de chance.*
12. **mate :** *camarade, compagnon, compagne.* Désigne souvent un compagnon de travail, le membre d'un couple, le mâle ou la femelle d'un animal.
13. **heart :** ∆ prononciation [haːt].
14. **slanting :** *incliné, oblique, en biais, en diagonale.*

If that didn't convince her we had the right man, what would [1] ?

There was then a long period of anxious waiting to reveal my find, but at last it was the Monday morning of Lynn Radford's return, and I phoned her at the bank. The vacation seemed to have given her a new lease [2] — she didn't sound [3] so fearfully tense. I told her only that I had a fascinating little memento for her to see and identify. I wanted to watch her spontaneous reaction when I lifted that earring from my pocket and waved it before her astonished eyes.

She asked me to drop by her apartment that evening and gave me the address. Around seven, I arrived in front of a modern high-rise and, as instructed, went up to 12D. She came to the door at once, wearing a pale-pink, flower-cluttered [4] dress which did nothing to conceal the abundance of her flesh, jammed [5] into that skimpy [6] envelope of cloth. As usual, her terribly plain features were overwhelmed [7] by a hairdo of frantic [8] complexities.

"How nice," she said, and ushered me in with ceremonial bow [9] and sweeping [10] gesture. The living room was too large for its furnishings, which were an incongruous mixture of dreary [11] old stuff and splashy [12] modern pieces.

We sat facing each other, Lynn primly [13] upright, hands folded in her lap [14]. "Well," she began before I could open my mouth, "I've been meaning to call you. Because in the oddest way you can imagine, I've become convinced that Allen is innocent."

---

1. **what would** : sous-entendu **convince her**.
2. **lease** [liːs] : ∆ prononciation s et non z : *bail, concession ;* to have a new lease on life, *reprendre goût à la vie, faire peau neuve, se lancer dans une nouvelle existence.*
3. **sound** : *nous sommes au téléphone.*
4. **to clutter** : *encombrer.* Ici allusion à un motif surchargé.
5. **to jam** : *serrer, presser, comprimer, coincer ;* the crowd jammed into the hall, *la foule s'entassa dans le hall ;* the streets were jammed with traffic, *les rues étaient complètement embouteillées.* Cf. a traffic jam, *un embouteillage.*
6. **skimpy** : *maigre, chiche, parcimonieux, insuffisant, étriqué.*

Si cela ne suffisait pas à la convaincre que nous tenions notre homme, c'était à désespérer.

Vint alors une longue période d'attente, impatient que j'étais de lui faire part de ma découverte. Enfin le lundi matin, jour du retour de Lynn, arriva, et je lui téléphonai à la banque. Ses vacances semblaient l'avoir remise en forme, elle n'avait plus l'air si terriblement tendue. Je lui dis seulement que j'avais un ravissant petit souvenir à lui montrer pour qu'elle l'identifie. Je tenais à voir sa réaction spontanée quand je sortirai la boucle d'oreille de ma poche pour la promener devant ses yeux ébahis.

Elle m'invita à passer à son appartement ce soir-là et me donna son adresse. Vers sept heures, j'arrivai devant une tour de construction récente et, selon les instructions de Lynn je montai à l'appartement 12 D. Elle vint m'ouvrir immédiatement ; elle portait une robe à fleurs, de couleur rose pâle, au motif tapageur, qui ne faisait rien pour cacher ses formes empâtées, à l'étroit dans cette enveloppe étriquée. Comme d'habitude, ses traits si tristement ordinaires étaient écrasés par une coiffure d'une complexité fantastique.

« Comme c'est gentil », dit-elle en me faisant entrer avec une courbette cérémonieuse et un ample geste du bras. Le salon était trop grand pour son mobilier, mélange hétéroclite d'ancien lugubre et de moderne tape-à-l'œil.

Nous nous assîmes l'un en face de l'autre, Lynn se tenant très droite, les mains jointes. « Justement », dit-elle avant que j'aie pu ouvrir la bouche, « je voulais vous appeler parce que, de la façon la plus bizarre qui soit, je suis maintenant convaincue qu'Allen est innocent. »

---

7. **to overwhelm :** *confondre, écraser ; combler* (de joie), *accabler, atterrer.*
8. **frantic :** *frénétique, forcené, fou, effréné.*
9. **bow** [bau] : *salut, révérence, inclination de la tête ;* **to bow,** *s'incliner, baisser la tête.* ▲ bow [bəu], *arc, archet.*
10. **sweeping :** de **to sweep,** *balayer.* Peut indiquer la majesté, **she swept into the room,** ou l'ampleur d'un mouvement, **he was swept into power.**
11. **dreary :** *morne, lugubre, triste, désolé, monotone.*
12. **splashy :** cf. **to make a splash,** *faire sensation, faire de l'épate ;* to splash, *éclabousser.*
13. **primly :** de prim, *pincé, guindé, collet-monté.*
14. **to fold :** *plier ;* lap, *giron.*

"Is that so?" I contained my surprise with an effort. "How very interesting in view of[1] —"

"Just wait till you hear!" she inserted. "Are you willing to listen to a crazy story?"

"I'll listen, but —"

"Now just hold everything[2]," she said, "until I tell you some new developments I didn't mention before because they concern you and I was — well, *embarrassed*."

"Mmm," I answered.

"First, Allen called me at the bank just as I was preparing to go on my vacation. He saw right through[3] that dreadful attempt[4] to identify him at lunch, of course, and he was simply wretched[5]. He said it all started as a joke. Someone in the office noticed his resemblance to the composite and began to tease[6] him. It went around[7] harmlessly until *you* picked it up. You were angry and jealous because a while back Mr. Whatley had made Allen general manager, a job you had expected would be yours all along[8]."

"So you schemed[9] to convince me that I should go to the police," she went on as if scolding a child about to be forgiven magnanimously. "The point, Allen said, was to cast enough doubt, stir[10] up enough ugly[11] publicity in the news[12] to have Whatley toss him out[13], innocent or not."

---

1. **in view of** : *compte tenu de...* Dan est interrompu par une Lynn impatiente de convaincre.
2. **hold everything** : cf. **hold on**, *attendez* (téléphone), *ne quittez pas*.
3. **to see through** : *voir à travers, pénétrer, y voir clair, percer à jour, déjouer.*
4. **dreadful attempt** : *affreuse tentative.*
5. **wretched** ['retʃɪd] : *misérable, malheureux, pitoyable.* Aussi utilisé dans des exclamations du genre : **what wretched weather!** *Quel mauvais/sale temps! Quel temps de chien!*
6. **to tease** : *faire enrager, taquiner, exciter.*
7. **to go around** : *circuler, se répandre.*
8. **along** : m. à m. : *un poste dont vous comptiez qu'il serait le vôtre depuis le début.*

« Ah bon ? » Je dus faire effort pour ne pas manifester ma surprise. « C'est d'autant plus intéressant que... »

« Attendez de tout savoir ! » coupa-t-elle. « Êtes-vous prêt à écouter une histoire insensée ? »

« D'accord, mais ... »

« Ne dites plus rien », dit-elle « jusqu'à ce que je vous aie mis au courant d'événements récents que je ne vous ai pas racontés plus tôt parce qu'ils vous concernent et que j'étais, disons, embarrassée. »

« Hum », murmurai-je

« Pour commencer, Allen m'a appelée à la banque juste comme je me préparais à partir en vacances. Bien entendu, il n'avait pas été dupe de cette pénible mise en scène destinée à l'identifier pendant le déjeuner, et il en était seulement très malheureux. Il m'a dit que tout avait commencé comme un jeu. Un collègue de l'agence avait remarqué sa ressemblance avec le portrait robot et en avait fait une blague. C'était resté une plaisanterie de bureau innocente jusqu'à ce que vous vous en mêliez. Vous étiez furieux et jaloux du fait que quelque temps plus tôt M. Whatley avait nommé Allen Directeur Général, un poste que vous convoitiez depuis toujours. »

« Alors vous avez manœuvré pour me convaincre que je devais prévenir la police », continua-t-elle, comme on gronde un enfant avant de lui accorder un pardon magnanime. « L'idée, disait Allen, était de jeter suffisamment le doute, de donner à cette fâcheuse affaire assez de publicité pour que Whatley le mette à la porte, innocent ou non. »

---

9. **to scheme** [skiːm] : *intriguer, machiner, combiner, comploter, conspirer ;* **a scheme,** *un projet, un plan, un arrangement* (n'a pas forcément le même sens péjoratif que le verbe).

10. **to stir up :** 1) *remuer, agiter ;* 2) *susciter, faire naître* (controverse, etc.).

11. **ugly :** *laid,* avec une nuance de bassesse ou d'offense à l'honnêteté ou à la morale.

12. **the news :** *les nouvelles, les médias, la presse, l'actualité.*

13. **to have Whatley toss him out :** to have sbd do sth, *faire faire qqch à qqn, faire en sorte que qqn fasse qqch ;* to toss out, *jeter dehors,* familier pour **to dismiss,** *licencier.*

"Fantastic !" I sneered. "General manager ! The man is a genius[1] at twisting[2] —"

"Wait !" she cried. "Hear the rest, and you'll see. Now, I didn't really believe him until[3] he suggested that perhaps the best way to clear up the whole matter was to have me meet[4] him at the police station for a conference with Sergeant McLean. He's the officer in charge of the case, you understand." She grabbed[5] a breath. "Allen did feel, however, that there was a chance it would leak to the newspapers[6]. And by the time the police declared him innocent, his reputation, his career, would be ruined. But he was willing to risk it if I thought that was the only solution."

"A masterpiece !" I said. "Prize-winning fiction[7]."

"Well, I couldn't help admiring his openhanded[8] courage," she gushed[9] on, ignoring me. "I told him I didn't want to see him hurt and degraded if he were innocent, and there had to be another way out. Allen offered to meet me in any public place of my choosing to discuss it, and I asked him to come to this little bar near my apartment where I know the bartender, a guy[10] who is kind of protective of me. Not that I was afraid. I mean[11], the top executive[12] of a big employment agency like Whatley Associates could hardly be a criminal type."

Oh, no ? She was so taken in[13], I was almost sorry to burst her balloon, full of Cutler's gas[14].

---

1. **genius** : Δ il n'y a pas d'adjectif correspondant au français *génial* ; *œuvre géniale,* **work of genius** ; *un inventeur génial,* **a genius of an inventor**. L'anglais **genial** signifie *cordial, sympathique, bienveillant, de bonne humeur.*
2. **to twist** : 1) *tordre* ; 2) *déformer, dénaturer, fausser.*
3. **until** : m. à m. : *je ne l'ai pas vraiment cru jusqu'à ce qu'il...*
4. **to have me meet him** : *faire en sorte que je le rencontre* ; m. à m. : *me faire le rencontrer.*
5. **to grab** : *saisir, attraper* ; m. à m. : *elle saisit une respiration.*
6. **to leak** : 1) *avoir une fuite* (**a leak**) ; 2) *faire l'objet d'une fuite dans la presse, organiser une telle fuite.*
7. **prize-winning fiction** : *fiction* (littérature d'imagination) *digne de remporter un prix littéraire.*

« Incroyable », ricanai-je. « Directeur Général ! C'est génial comme façon de déformer... »

« Attendez ! » s'écria-t-elle. « Ecoutez la suite, et vous verrez. Je dois dire que je n'ai commencé à le croire que quand il a suggéré que la meilleure façon d'y voir clair était peut-être d'organiser une rencontre entre lui et moi au commissariat de police pour discuter avec le Sergent Mac Lean. C'est le policier qui s'occupe de l'enquête, vous comprenez. » Elle reprit son souffle. « Allen était inquiet, cependant, du risque d'une fuite dans la presse. Le temps que la police le déclare innocent, sa réputation, sa carrière, auraient été brisées. Mais il était prêt à courir ce danger si je jugeais que c'était la seule solution. »

« Un vrai chef-d'œuvre ! » m'écriai-je. « C'est le roman de l'année ! »

« J'avoue que je n'ai pas pu m'empêcher d'admirer son courage désintéressé », continua-t-elle avec effusion, ignorant mon interruption. « Je lui ai dit que je ne le laisserais pas se faire blesser et humilier s'il était innocent ; il devait bien y avoir un autre moyen. Allen proposa de me rencontrer dans n'importe quel lieu public de mon choix pour y réfléchir et je lui ai demandé de venir dans ce petit bar près de mon appartement ; je connais bien le barman, qui est plutôt protecteur à mon égard. Ce n'est pas que j'avais vraiment peur. Je me disais qu'il y avait peu de chance que le responsable d'un grand cabinet d'embauche comme l'entreprise Whatley soit un gangster. »

Tiens donc ! Elle y croyait tellement que je regrettai presque de détruire le mirage qu'avait fait naître Cutler.

---

8. **openhanded** : *généreux.*
9. **to gush** : 1) *jaillir, ruisseler ;* 2) *parler avec effusion, s'attendrir.*
10. **guy** : *type.*
11. **I mean** : *je veux dire.*
12. **top executive** : *directeur, patron, chef ;* **senior executive**, *cadre supérieur ;* **junior executive**, *cadre moyen.*
13. **taken in** : *trompée, dupée, leurrée.*
14. **burst her balloon full of Cutler's gas** : m. à m. : *faire éclater (crever) son ballon plein du gaz de Cutler ;* **gas** a souvent le sens, en langue familière, de *bobard(s), vantardises, propos « bidons », vide.*

I was about to show her the green jade earring when she rattled on[1] again.

"Allen was already on tap when I arrived at the bar. He was beautifully dressed in this handsome blue suit and looked like anything but some cheap hood[2]. I mean, you gotta admit[3], even if you have your personal reasons for not liking him, Allen is a gentleman ! Anyway, we had a few drinks, and he talked in that earnest[4], direct way of his, asking my advice[5] on the pros and cons[6] of approaching the police or finding another way out. "Suddenly, he reached up[7] and yanked off his glasses and stared me right in the eye. And he said, 'Now there ! Am I a hood, a gunman ? Am I that cold-blooded robber who took you hostage ? If you think so, go to the phone, call the police. I'll be waiting right here when they come."
"The two of us sitting there, eyeing each other so grimly[8]. It was just plain funny. We both caught the humor of it, Allen began to smile, I smiled back, and soon we were laughing ourselves sick[9]. And before the night was over, I knew that I had never seen him before, that Allen Cutler was no more a bank robber than my own father."

She sank back[10] with a sigh. Then in desperation, I groped for the earring. I was going to dangle it in her face, give her the entire scoop[11] about the car.

---

1. **she rattled on :** de to rattle, *crépiter, faire une succession de bruits métalliques* (chaînes, etc.). To rattle on, *bavarder, caqueter, jacasser sans pouvoir s'arrêter.*
2. **cheap hood :** cheap, *bon marché, de mauvaise qualité, de bas étage ;* hood, de hoodlum, *voyou, (petit) gangster, homme de main.*
3. **you gotta admit :** familier, langue parlée pour **you have got to admit,** *vous devez reconnaître.*
4. **earnest :** *sérieux, sincère, convaincu, pressant.*
5. **advice :** *avis* au sens de *conseil(s).* Mais : *quel est votre avis ?* **What do you think ? Advice,** comme **information,** est un collectif singulier ; *un conseil,* **a piece of advice.**
6. **pros and cons :** *le pour et le contre.* Du latin pro, *pour, en faveur de,* et con, *contre.*

J'étais sur le point de lui montrer la boucle d'oreille de jade lorsqu'elle s'emballa à nouveau.

« Allen était déjà là quand je suis arrivé au bar. Il était très chic dans son costume bleu et ressemblait à tout sauf à un petit truand. Je veux dire, reconnaissez, même si vous avez des raisons personnelles de ne pas l'aimer, qu'Allen a de la classe ! Enfin, on a pris quelques verres, et avec ce côté sincère et direct qu'il a toujours, il m'a demandé mon avis sur les avantages et les inconvénients qu'il y avait à aller voir la police ou à trouver une autre solution. Tout d'un coup, il arracha ses lunettes et me regarda longuement, droit dans les yeux. "Alors, dit-il, j'ai l'air d'un truand, d'un gangster ? C'est moi le bandit impitoyable qui vous a prise en otage ? Si vous le pensez, allez téléphoner pour appeler la police. Je ne bougerai pas d'ici jusqu'à son arrivée." Nous étions assis là tous les deux, nous regardant dramatiquement au fond des yeux. C'était tout simplement risible. Le comique de la situation nous apparut soudain. Allen se mit à sourire, je fis de même, et nous fûmes alors pris d'une crise de fou-rire. Et avant la fin de la nuit, je savais que je ne l'avais jamais vu auparavant, et qu'Allen Cutler n'était pas plus capable de dévaliser une banque que ne l'était mon propre père. »

Elle se renversa dans son fauteuil avec un soupir. Il ne me restait plus, en désespoir de cause, qu'à produire la boucle d'oreille. J'allais la promener devant ses yeux en lui révélant en détail toute l'histoire de la voiture.

---

7. **reach up :** to reach, *atteindre,* signifie souvent *tendre le bras.*
8. **grimly :** de grim, *sinistre, menaçant, sévère, rébarbatif.*
9. **soon we were laughing ourselves sick :** m. à m. : *bientôt nous étions en train de rire à nous rendre malades.* De même : **she read herself blind,** *elle est devenue aveugle à force de lire ;* **he shouted himself hoarse,** *il s'est enroué à force de crier.* L'adjectif, placé à la fin, indique le résultat.
10. **she sank back :** de to sink, sank, sunk, *couler, sombrer, (s')enfoncer.*
11. **scoop :** *nouvelle sensationnelle,* en particulier nouvelle ou article à sensation que l'on est le premier à annoncer ou à publier.

"Remarkable tale," I said. "One of the wildest[1] I've ever heard. But now..."

She didn't hear me. "It certainly wasn't love at first sight[2]," she was saying, "but that's what it became[3]. I spent nearly my whole vacation with Allen. Does that sound naughty[4]? Well, just take a look at this, if you please!"

Her chubby[5] little hand shot toward me, displaying an engagement ring which sparkled with considerable candlepower[6] — and a silver wedding band. "We pooled our furniture and moved in here," she announced. "The old junk is mine, of course. I just couldn't part with it[7]."

Everyone has his price, Allen had declared, and he had paid the big one[8]. How long would it be, I wondered, before he felt it safe to divorce her[9]? Probably not until the day after the statute of limitations ran out for the robbery. A long time, Allen old buddy.

"Where's the happy groom[10]?" I asked her.

"He's down at Peerless. They're renovating, nights and weekends. I didn't dare tell him you were coming, but I do hope you'll be friends again."

Even then, just for a moment, I did ask myself if I would be doing her a favor[11] or an injury[12] by showing her the little green earring with the corny[13] heart and arrow.

"Just consider it a bad joke that got out of hand[14]," she was advising me. "Forgive and forget.

---

1. **wildest** : wild a ici le sens de *fou, insensé, extravagant, absurde.* Cf. a wild rumour, *un bruit absurde ;* wild dreams, *des rêves insensés.*
2. **love at first sight** : *amour dès la première rencontre, à première vue.* C'est l'expression usuelle en anglais pour *le coup de foudre.* Au sens propre, *coup de foudre,* flash of lightning.
3. **that's what it became** : m. à m. : *c'est ce que c'est devenu.*
4. **naughty** : 1) *vilain, méchant ;* 2) *polisson, leste, grivois.*
5. **chubby** : *joufflu, potelé, dodu, grassouillet.*
6. **candlepower** : *puissance lumineuse, intensité en bougies* (unité de mesure de l'intensité lumineuse).
7. **to part with sth, sbd** : *se séparer de, quitter.*

« Remarquable histoire », commentai-je. « Une des plus extraordinaires que j'aie jamais entendue. Mais voici ... »

Elle ne m'écoutait plus. « Ça n'a certainement pas été le coup de foudre », disait-elle. « Mais le résultat est le même. J'ai passé presque toutes mes vacances avec Allen. Est-ce que ça vous choque ? Tenez, jetez donc un coup d'œil ! » Sa petite main potelée jaillit pour me montrer une bague de fiançailles qui brillait de mille feux, et une alliance en argent. « Nous avons mis nos meubles en commun et nous avons emménagé ici », annonça-t-elle. « Le vieux mobilier est à moi. Je n'ai pas eu le courage de m'en débarrasser. »

Toute personne a son prix, avait déclaré Allen, et il l'avait achetée au prix fort. Combien de temps, me demandai-je, pour qu'il se sente suffisamment à l'abri pour divorcer ? Ce ne serait probablement pas avant qu'il y ait prescription pour le hold-up. Ça sera long, mon cher Allen.

« Où se trouve l'heureux élu ? » demandai-je.

« Il est à l'agence Peerless. Ils travaillent la nuit et le week-end pour moderniser les locaux. Je n'ai pas osé lui dire que vous veniez ici, mais j'espère que vous redeviendrez amis. »

Même à ce stade, je me demandai un bref instant si je lui rendrais service ou si je lui ferais du mal en lui montrant la petite boucle d'oreille verte, avec le sentimentalisme désuet de son cœur percé d'une flèche.

« Considérez tout ça comme une mauvaise plaisanterie qui a mal tourné », était-elle en train de me conseiller. « Pardonnez et oubliez.

---

8. **the big one** : one reprend **price**.
9. **to divorce her** : notez la construction directe. *Demander le divorce*, to seek a divorce.
10. **groom** : the bridegroom, *le mari* ; the bride, *la mariée* ; the best man, *le garçon d'honneur* ; the bridesmaid, *la demoiselle d'honneur*.
11. **favor** (G.B. : **favour**) : c'est une des différences orthographiques entre l'anglais britannique et l'anglais américain : à la finale **-our** en G.B. correspond la finale **-or** en américain ; ex : **colour, favour, labour**, etc. donnent **color, favor, labor**, etc. en américain.
12. **injury** : 1) *blessure* ; 2) *tort, préjudice*.
13. **corny** : *vieux jeu, vieillot, usé, « ringard »*.
14. **to get out of hand** : *échapper au contrôle, dégénérer*.

Listen, it doesn't matter anymore. Allen could be guilty as sin, and I'd forgive him, I'd stand by him [1]. I'd even lie for him. I mean, in this lonely world, isn't marriage the most [2] !"

Against both of them, there was no chance. I recognized that, and I thought of the risk I had undertaken to bring in a robber, and then I remembered the offers that robber had made.

Lynn's dreamy, lovesick eyes slid [3] toward me. "By the way," she said absently, "didn't you have something you wanted to show me ?"

"It was nothing, Lynn. Look, it was probably just as he said. We almost made a terrible mistake. Tell you what, Lynn, I'll call him tomorrow. I'll call Allen first thing [4] tomorrow. I really think I've outgrown [5] Whatley Associates..."

---

1. **to stand by someone :** *soutenir, dépendre, faire cause commune avec, se ranger aux côtés de.*
2. **isn't marriage the most ! :** *le mieux, le plus* (de ce qu'on peut espérer). Phrase tronquée (par l'émotion ?) mais le sens est clair.
3. **slid :** to slide, slid, slid, *glisser ;* to slide a glance, *couler un regard.*
4. **first thing :** (fam.) *en priorité, en premier.*
5. **to outgrow :** *croître, grandir, se développer plus vite que, dépasser, devenir trop grand* (pour qqch) ; to outgrow a habit, *perdre/se défaire de/devenir trop vieux pour une habitude, perdre une habitude avec le temps.*

Franchement, ça n'a plus d'importance. Même si Allen était coupable de tous les péchés, je lui pardonnerais, je le soutiendrais. Je mentirais même pour lui. Est-ce que le mariage n'est pas la seule chose qui compte dans ce monde de solitude ? »

Je n'avais aucune chance contre eux deux. Il fallait bien l'admettre. Je pensais aux risques que j'avais courus pour livrer un voleur à la justice, et me souvins aussi de l'offre que m'avait faite ce voleur.

Lynn leva sur moi son regard rêveur d'amoureuse transie. « A propos », dit-elle d'un air absent, « vous ne vouliez pas me montrer quelque chose ? »

« C'est sans importance, Lynn. Tout s'est probablement passé exactement comme il le dit. Nous avons failli faire une terrible erreur. Je vais vous dire, Lynn, je vais l'appeler demain. J'appelle Allen demain dès que possible. J'ai vraiment l'impression que j'ai fait mon temps à l'Agence Whatley ... »

Révisions

Vous avez rencontré dans la nouvelle que vous venez de lire l'équivalent des expressions françaises suivantes. Vous en souvenez-vous ?

1. C'est l'heure du café. Vous venez ?
2. Il n'avait pas de casier judiciaire.
3. Tel qu'elle le décrivait, il approchait de la quarantaine.
4. Elle dit qu'elle me rappellerait.
5. Je ne peux pas m'empêcher d'être un peu nerveux.
6. Je vous présenterai comme une vieille amie.
7. Croyez-vous qu'il l'a fait exprès ?
8. J'ai démissionné : Je serai parti pour de bon dans une heure.
9. Elle me demanda de passer à son appartement ce soir-là.
10. Ç'a été le coup de foudre.
11. Il m'a demandé mon avis sur le pour et le contre.
12. Je pars en vacances la semaine prochaine, à moins que vous ne trouviez une bonne raison pour que je les retarde.
13. J'ai conclu une affaire avec lui au déjeuner.
14. Je veux des gens à qui je puisse faire confiance.

1. Time for coffee. You coming ?
2. He had no criminal record.
3. As described by her, he was in his late thirties.
4. She said she would call me back.
5. I can't help being a bit nervous.
6. I'll introduce you as an old friend.
7. Do you suppose he did it on purpose ?
8. I resigned : I'll be gone for good in an hour.
9. She asked me to drop by her apartment that evening.
10. It was love at first sight.
11. He asked my advice on the pros and cons.
12. I'm going on vacation next week, unless you find some real reason for me to postpone it.
13. I closed a deal with him over lunch.
14. I want people I can trust.

RICHARD O. LEWIS

EGO BOOST [1]

Bon pour le moral

One's ability to shape his[2] own destiny is usually conditioned[3] by self-confidence — but occasionally by self-restraint[4].

Police Lieutenant[5] DeWitt called me shortly after 8:00 p.m. "Dr. Harper," he said, "I have a customer for you. Picked[6] him off the bridge about a half hour ago. Are you interested ?"
Bridge ? Then I suddenly remembered one of the things we had been discussing when we had last met[7]. "Oh, sure !" I said. "Of course I'm interested ! Tonight ?"
"Either that," came the lieutenant's voice, "or I'll have to book him and lock him up till morning. That could make matters worse, you know."
"Definitely[8] !" I agreed. "Better bring[9] him right over."
"I haven't been able to find out much about him," the lieutenant continued, "but I'll give you what I learned so you'll have something to go on. Thirty-five years of age, an accountant, married, no children, lives in the suburbs[10], won't[11] give us any reason for his attempt to jump from the bridge. Guess[12] that's it."
"Good enough[13]," I said. "I'll be waiting."
After replacing the telephone, I leaned back in my chair for a moment of reflection. The rate[14] of suicides and attempted suicides had been climbing[15] steadily during the past year.

---

1. **Ego boost :** to boost : *pousser, renforcer, augmenter ;* to give somebody a boost, *donner un sérieux coup de main à quelqu'un,* d'où le sens ici de *redonner la confiance, le moral à quelqu'un,* de lui redonner le respect de lui-même, de son ego.
2. **his own destiny :** his serait ici jugé incorrect par un grammairien. La formule pour puriste serait : **one's ability to shape one's own destiny,** etc.
3. **conditioned :** notez l'orthographe. Pas de redoublement de **n** (avant ed) car l'accent tombe sur la syllabe qui précède -tion. De même : **mentioned...**
4. **self-restraint :** *auto-modération, modération volontaire.*
5. **lieutenant :** Δ prononciation [luː'tenənt] ; G.B. [lefˈtenənt].

Pour façonner sa propre destinée, s'il faut souvent avoir de la confiance en soi, il faut aussi parfois savoir se modérer.

Le Lieutenant DeWitt m'appela peu après 8 heures du soir. « Docteur Harper », me dit ce policier, « j'ai un client pour vous. On l'a ramassé sur le pont il y a environ une demi-heure. Ça vous intéresse ? »

Le pont ? Je me souvins soudain d'un de nos sujets de discussion lors de notre dernière rencontre.

« Certainement ! » m'écriai-je. « Bien sûr que ça m'intéresse ! Ce soir ? »

« Ou bien c'est ce soir », reprit la voix du Lieutenant, « ou il va falloir que je l'arrête et que je l'enferme jusqu'à demain matin. Ça risque de ne pas arranger les choses, vous savez ».

« Absolument » acquiesçai-je. « Vaut mieux me l'amener tout de suite. »

« Je n'ai pas pu apprendre grand-chose sur lui », continua le Lieutenant, « mais je vais vous dire ce que je sais pour que vous ayez une base de départ. 35 ans, profession comptable, marié, pas d'enfant, habite la banlieue, se refuse à expliquer pourquoi il a tenté de se jeter du haut du pont. Je pense que c'est tout ».

« C'est déjà ça », répondis-je. « Je vous attends. »

Je raccrochai le téléphone et me calai dans mon fauteuil pour mieux réfléchir. Le nombre de suicides et de tentatives de suicide augmentait régulièrement depuis un an.

---

6. **picked** : we (the police) picked him...
7. **when we had last met** : when I first met her, *quand je l'ai rencontrée pour la première fois.*
8. **definitely** : *précisément, exactement, certainement, sans aucun doute.*
9. **better bring him right over** : you'd better bring him right over. Notez l'emploi de **right** et **over** (rightaway, over here).
10. **suburb** : *faubourg.*
11. **won't** : will not, conserve ici son sens de volonté (**will**).
12. **guess** : I guess.
13. **good enough** : signifie aussi *parfait, très bien.*
14. **rate** : *taux, régime, quantité, cours ;* **at this rate**, *à ce train-là.*
15. **climbing** ['klaimiŋ] le **b** n'est pas prononcé.

For some reason, a leap from the railing[1] of the high bridge seemed to be the favorite method for ending it all, perhaps because once the leap was made, the point of no return would be reached immediately, and if the person changed his mind on the way down, there was nothing he could do about it. Also, it wasn't messy[2].

During the past couple of years, Lieutenant DeWitt and I had met at a few social gatherings[3] and had become friends. At our last little get-together[4], the subject of increasing suicidal attempts had come up, and we had both agreed that the present method of treating such cases was wholly inadequate. If a man were emotionally depressed enough to attempt to take his own life, a reprimand from police officers and a threat to deny him his personal freedom could only aggravate the condition, and a jail or station house was certainly not a desirable place to conduct therapy of a psychological[5] nature, as it were[6].

As a practicing[7] psychologist, I felt certain that a man-to-man talk with the distressed person in a pleasing environment offered a possible solution for the problem. By utilizing my years of formal training concerning the vagaries[8] of the human mind, it should not be a too difficult task for me to ferret[9] out the underlying[10] cause for the suicidal attempt — bring it out into the light of day, as it were — and lay it by the heels[11] for all time. At least it was better than anything else at hand[12].

---

1. **railing :** *grille, palissade, garde-fou, parapet.*
2. **messy :** 1) *sale, malpropre* ; 2) *en désordre, mal tenu.* Humour macabre sur les suicidés qui recherchent une « mort propre ».
3. **social gatherings :** *réunion d'amis, réceptions.* Social en anglais s'emploie beaucoup pour les rencontres entre amis et collègues, et même les mondanités.
4. **get-together :** nom formé sur le verbe **to get together,** *se réunir,* et désigne une *réunion sans cérémonie* (an informal social gathering).
5. **psychological :** ∆ le p n'est pas prononcé. De même pour **psychology**...
6. **as it were :** va souvent apparaître dans ce texte. C'est

Pour une raison inconnue, sauter du haut du parapet du pont le plus haut semblait être la méthode favorite de ceux qui voulaient en finir, peut-être parce qu'il suffisait de s'élancer pour que le point de non-retour soit immédiatement atteint et que si l'on changeait d'avis pendant la chute, il n'y avait plus rien à faire. Peut-être aussi parce que c'était propre.

Au cours des deux dernières années, le Lieutenant DeWitt et moi nous étions rencontrés dans plusieurs réceptions et nous nous étions liés d'amitié. Lors de notre dernière petite réunion, la discussion s'était orientée vers l'augmentation du nombre des tentatives de suicide, et nous avions tous les deux reconnu que le traitement actuel de tels cas était totalement inadapté. Si un homme était assez déprimé émotionnellement pour attenter à sa propre vie, le faire sermonner par des policiers et le menacer de mettre un terme à son libre arbitre ne pouvaient qu'aggraver son état ; la prison ou le poste de police n'étaient certainement pas les lieux idéaux pour la pratique d'une thérapeutique à finalité psychologique, somme toute.

En tant que psychologue professionnel, j'étais convaincu qu'une discussion d'homme à homme avec le désespéré, dans un cadre agréable, permettrait de trouver une solution au problème. En utilisant mes connaissances acquises au cours de mes années de formation, concernant les errements de l'esprit humain, il ne devrait pas m'être trop difficile de détecter les causes profondes d'une tentative de suicide, de les exposer au grand jour, pour ainsi dire, et de les faire disparaître définitivement. De toute façon, ce serait mieux que ce qui se pratiquait.

---

un tic prêté par l'auteur au personnage du Dr. Harper.
7. **practicing :** en exercice. En américain le nom et le verbe *(pratique, pratiquer)* s'écrivent de la même façon, **practice, to practice** (G.B. : **practice, to practise**).
8. **vagaries :** *caprices, lubies, inconstances, écarts.*
9. **to ferret out :** *débusquer, dénicher* (comme *le furet - ferret -* est utilisé pour faire sortir le lapin de son terrier).
10. **underlying :** *sous-jacentes ;* **to underlie (lay, lain),** *être à la base de, sous-tendre.*
11. **lay it by the heels :** 1) *saisir et emprisonner ;* 2) *causer la chute de.* De **to lay, laid, laid,** *étendre, terrasser* et **heel,** *talon.*
12. **at hand :** *disponible, à proximité, à portée.*

So, with the lieutenant's rather skeptical assent, I had volunteered my services — on a purely experimental basis, of course.

By the time[1] Lieutenant DeWitt arrived and was ushered into my study, along with the man who was destined[2] to be the first experimental case, I had everything in readiness : soft lighting that scarcely reached the book-lined[3] shelves of the walls, a tiny but comforting glow from the gas logs[4] in the fireplace, subdued music — an atmosphere designed to induce[5] relaxation.

Lieutenant DeWitt introduced the man as Bertram Brunell, and as I gave a friendly shake to his unresponsive hand, I noted that his posture was one of utter dejection[6]. His eyes were downcast and restless, and his lean[7] face, pale from lack of sunshine or outdoor activity, sagged[8] as if holding it together were too much effort[9].

"I am pleased to know you," I said, and indicated an overstuffed chair facing the davenport[10]. "Make yourself comfortable while I show Lieutenant DeWitt out. I'll be right back[11]."

At the door, the lieutenant paused a moment. "Call me as soon as you've finished," he suggested. "I may have to send someone after him[12], you know."

"Right."

Back in the study[13], I rubbed my hands warmly together, sat down, and smiled companionably[14] at the man across the low coffee table[15] from me.

---

1. **by the time :** les expressions de temps avec **by** tiennent toujours compte de la période qui précède. **By the end of the month,** *à la fin du mois* au sens de *d'ici à la fin du mois*.
2. **destined :** ∆ pron. ['destind] : i et non [ai].
3. **book-lined :** de to line, *border, doubler* (d'une doublure).
4. **gas logs in the fireplace :** il y a de fausses bûches dans la cheminée qui fonctionne au gaz.
5. **designed to induce :** *destinée à provoquer ;* to design, *destiner, projeter, préparer, inventer, dessiner* (des plans).
6. **dejection :** *découragement, accablement.*
7. **lean :** *maigre.* Insiste sur l'absence de graisse et l'aspect

C'est pourquoi, avec l'accord plutôt sceptique du Lieutenant, j'avais proposé mes services — à titre purement expérimental, bien entendu.

Quand le Lieutenant DeWitt arriva chez moi et fut introduit dans mon bureau, accompagné de l'homme destiné à être le premier sujet de l'expérience, j'avais déjà tout préparé : lumières tamisées qui parvenaient à peine jusqu'aux étagères chargées de livres, le long des murs, rougeoiement discret mais combien apaisant des fausses bûches de la cheminée électrique, musique douce en sourdine — toute une atmosphère incitant à la détente.

Le Lieutenant me présenta son compagnon comme étant Bertram Brunell. En serrant chaleureusement sa main inerte, je remarquai son attitude de total abattement. Ses yeux baissés jetaient des regards inquiets et son visage amaigri, blême par manque de soleil ou d'activités de plein air, s'affaissait comme si les muscles eux-mêmes avaient perdu leur tonus.

« Je suis ravi de faire votre connaissance », dis-je en l'invitant à s'asseoir sur une chaise capitonnée en face du divan. « Installez-vous pendant que je reconduis le Lieutenant DeWitt. Je reviens tout de suite. »

Le Lieutenant s'arrêta un instant à la porte. « Appelez-moi dès que vous en aurez terminé », suggéra-t-il. « Il faudra peut-être que j'envoie quelqu'un le chercher, vous comprenez. »

« D'accord. »

De retour dans mon bureau, je me frottai les mains d'un air cordial, m'assis et adressai un sourire bienveillant à mon vis-à-vis de l'autre côté de la table basse.

---

décharné. Mais peut indiquer une minceur athlétique.
8. **sagged... :** m. à m. : *comme si le tenir d'aplomb aurait constitué un trop gros effort.*
9. **effort :** ∆ pron. ['efərt].
10. **davenport :** *canapé, divan* souvent *convertible* en lit.
11. **right back :** right au sens de **rightaway**, *tout de suite.*
12. **as soon as you've finished :** présent au lieu du futur français, et **present perfect** au lieu du futur antérieur, après une conjonction de temps.
13. **study :** *bureau dans un appartement* (cf. **desk, office**).
14. **companionably :** de **companionable**, *sociable,* donc *affable.*
15. **coffee table :** *table à café, table à apéritif.*

"Well, Mr. Brunell," I began, deciding to take the direct approach, "it seems that we have a bit of a problem."

Brunell gazed unseeingly at the hands in his lap [1], the fingers of which were tensely twining [2] and untwining about each other, and said nothing.

"Sometimes when we bring the problem into the open and discuss it, it has a tendency to diminish in stature," I said. "Do you care to tell [3] me about it ?"

Brunell's gaze left his nervous fingers, his eyes darting [4] right and left as if searching for some avenue of escape [5].

An introvert ? Undoubtedly [6] ; a man who kept his problems locked up [7] secretly and forever within himself, denying them an outlet [8], letting the increasing pressure of them mount to the point of final explosion. He had reached that point earlier in the evening, and although he had been restrained from leaping from the bridge, the pressure was still there and running dangerously high [9].

I got up quickly, went to my liquor cabinet [10], and poured two martinis [11] from the supply I had prepared for the occasion, just in case the necessity arose.

"Here," I said, proffering [12] him one of the longstemmed glasses. "You'll no doubt find it quite relaxing."

He unlaced [13] his fingers, took the glass in hand, eyed it hesitantly for a moment, then took a sip [14]. Evidently finding the liquor to his liking, he took a long swallow [15].

---

1. **in his lap :** *dans son giron, sur ses genoux.*
2. **to twine :** entrelacer, enrouler, entortiller.
3. **Do you care to tell ? :** m. à m. : *souhaitez-vous m'en parler ?* Cf. would you care for a drink ? *avez-vous envie de boire un verre ?*
4. **to dart :** 1) darder, lancer, décocher ; 2) partir comme une flèche, se précipiter, filer.
5. **escape :** *fuite, évasion, issue.*
6. **undoubtedly** [ʌn'dautidli] : le b n'est pas prononcé. De même dans doubt, doubtless, etc.
7. **to lock up :** *fermer à clé, mettre sous clé, enfermer.*
8. **outlet :** *débouché.*
9. **running dangerously high :** m. à m. : *montant à une*

— « Eh bien, M. Brunell », attaquai-je, ayant choisi l'approche directe, « on dirait qu'on a un petit problème ».

Brunell fixait sans les voir ses mains jointes dont les doigts se croisaient et se décroisaient fébrilement. Il resta silencieux.

« Quelquefois, le fait d'exposer un problème au grand jour et de le discuter en réduit la gravité », dis-je. « Vous ne voulez pas m'en parler ? » Brunell cessa de contempler ses doigts qui se crispaient nerveusement, pour jeter autour de lui des regards inquiets, comme s'il cherchait par où il pourrait s'échapper.

Introverti ? Indéniablement. Un homme qui refoulait définitivement ses problèmes au plus profond de lui-même, refusant de les extérioriser, et laissant leur pression monter jusqu'à l'explosion finale. Il avait atteint ce stade au début de la soirée, et, bien qu'on l'eût empêché de sauter du haut du pont, la tension était toujours là, rendant possible une nouvelle crise.

Je me levai rapidement pour aller à mon bar, et versai deux gin-vermouth (j'en avais préparé une quantité suffisante au cas où le besoin s'en ferait sentir).

« Tenez », dis-je en lui tendant le verre à pied. « Vous allez voir comme ça détend. »

Il décroisa les mains, saisit le verre, et l'observa un instant d'un œil hésitant avant d'y tremper les lèvres. Trouvant visiblement le cocktail à son goût, il en absorba une bonne lampée.

---

hauteur dangereuse. **Pressure is running high,** *la tension monte, la tension est grande.*

10. **liquor cabinet :** *meuble où sont rangés les alcools, les boissons alcoolisées.*

11. **martinis :** *le martini aux États-Unis est un cocktail de gin et vermouth servi avec glace, olive et zeste de citron.*

12. **to proffer :** *offrir, présenter, tendre* (la main, le bras).

13. **to unlace :** *délacer.*

14. **a sip :** *une petite gorgée.* **To sip,** *boire à petites gorgées, siroter.*

15. **swallow :** *gorgée.* **At one swallow,** *d'un seul trait ;* **to swallow,** *avaler* (rien à voir avec **swallow,** *hirondelle*).

"I — I don't drink much," he said, his hand trembling slightly as he put the half-emptied glass on the coffee table. "Never have[1]."

It figured[2]. Some men could resort to alcohol in times of stress, go on a binge[3], flip their lid[4], and relieve[5] the pressure — for a while, at least — but not Brunell. He just was not the type.

I took a sip from my own drink and resumed my place opposite him. "Sometimes," I said, "we let our problems pile up within us, keep them locked inside, permit them to magnify themselves until they assume such gigantic proportions that they seem insurmountable."

Brunell stared absently at his glass. I hoped he was paying some heed[6] to what I was telling him.

"If we discuss our major difficulty with someone else, bring it out into the open[7], as it were, we can then view it in an abstract rather than an emotional manner."

Brunell picked up his glass, drained[8] it, and replaced it on the table. He nodded slightly, as if in agreement, but remained silent.

I knew from past endeavors[9] that some people experienced[10] great reluctance when it came to baring their souls[11] to others, even to friends. Yet I had to reach him in some way if I were to save him from himself.

"Sometimes a problem is so personal in nature that it is almost impossible to discuss it openly with a stranger," I said, refilling his glass from the martini supply.

---

1. **never have** = I have never drunk much.
2. **it figured** : l'expression *it figures* employée seule signifie *cela n'est pas étonnant, il faut (fallait) s'y attendre, c'est normal, ce n'est pas surprenant.*
3. **to go on a binge** : *faire la bombe, s'ivrogner, tirer une bordée.* Par extension de sens, *se lancer sans retenue dans une activité* : a **buying binge**, *une fièvre d'achats.*
4. **flip their lid** : to **flip**, *donner une secousse, une chiquenaude, faire basculer* ; **to flip a coin**, *tirer à pile ou face* ; **to flip one's lid** *(couvercle)* ou **one's top**, *perdre le contrôle de soi.*
5. **to relieve** : *soulager.*

« Je ... Je ne bois pas beaucoup », dit-il en reposant sur la table, d'une main qui tremblait légèrement, le verre à moitié vide. « Je n'ai pas l'habitude. »

Pas étonnant. Il y a des gens qui ont recours à l'alcool dans les périodes de tension, qui s'enivrent un bon coup, et font sauter le couvercle pour réduire la pression — au moins temporairement. Pas Brunell. Ce n'était visiblement pas son genre.

Je bus moi-même une gorgée et repris ma place en face de lui. « Parfois », continuai-je, « on laisse les problèmes s'accumuler en nous, on les enferme profondément, on les laisse grossir jusqu'à ce qu'ils prennent des proportions telles qu'ils deviennent insurmontables ».

Brunell fixait son verre d'un air absent. J'espérais qu'il écoutait tout de même ce que je lui disais.

« Si nous discutons nos principales difficultés avec quelqu'un d'autre, en les mettant sur la table, pour ainsi dire, on peut alors les étudier avec détachement, au lieu d'avoir des réactions passionnelles. »

Brunell souleva son verre, le vida d'un trait et le reposa sur la table. Il hocha légèrement la tête, comme pour acquiescer, mais sans sortir de son mutisme.

J'avais appris au cours de tentatives antérieures que certaines personnes ont la plus grande réticence à mettre leur cœur à nu, même devant des amis. Il fallait pourtant que je parvienne à établir un contact avec lui si je voulais le sauver de lui-même.

« Quelquefois un problème est tellement personnel qu'il est presque impossible de le discuter librement avec un étranger », repris-je, en lui versant une nouvelle rasade du cocktail que j'avais préparé.

---

6. **to pay heed to** : *prêter attention à.* **To heed**, *faire attention à, tenir compte de, écouter (conseils...).*
7. **to bring out into the open** : *amener au grand jour.*
8. **to drain** : *évacuer, drainer, vider, mettre à sec.* **To drain resources**, *épuiser les ressources.*
9. **endeavor** (G.B. : **endeavour**) : *essai, tentative, effort ;* verbe **to endeavor**, *s'efforcer, essayer, tenter, tâcher.*
10. **to experience** : *éprouver, faire l'expérience de, connaître ;* ne pas confondre avec **to experiment**, *expérimenter, se livrer à des expériences, des essais.*
11. **when it came to baring their souls** : *quand il était question de mettre leur âme à nu.*

"Even so[1], mere conversation — sympathetic[2] understanding, as it were — can often help one view his[3] difficulties in a more rational environment."

Although Brunell continued to remain silent. I could see by the way he had twisted his head to one side, his brow[4] creased[5] into thoughtful lines, that I had begun to reach him and that he was trying to get things sorted out in his mind.

Finally, he began nodding his head slowly as if he had reached at least a partial understanding of his inner self. "I — I guess I'm just a coward," he breathed.

It was not exactly the response[6] for which I had hoped, but it was better than nothing. I could see now that a major part of his trouble was a deep-seated[7] inferiority complex. He lacked self-confidence, was in desperate need of an ego boost.

"We are all cowards in one way or another," I said. "We all have one or more fears of various kinds — claustrophobia, cardiophobia, air phobia, felinophobia, to name a few — and if we let them dominate our lives, we are in for trouble[8]."

I then proceeded to give him a ten-minute lecture of a therapeutic nature, stressing the importance of human dignity, belief in one's self[9], and the ability to shape one's destiny. I finished by citing several cases[10] wherein[11] some of my patients had achieved remarkable success[12] under my guidance.

---

1. **even so** : *même ainsi, même dans ces conditions.*
2. **sympathetic** : *qui ressent de la sympathie, compréhensif.* Et non pas *sympathique* pour lequel il n'y a pas de traduction directe : **nice, genial**...
3. **can often help one view his difficulties** : m. à m. : *peut souvent aider qqn à voir ses difficultés...* ; **to view**, *considérer, envisager, apprécier, voir sous un certain angle.*
4. **brow** : forehead, *front.*
5. **to crease** [kri:s] : *(se) plisser, (se) froncer.*
6. **response** : en américain signifie *réponse* (**reply**) et *réaction*. Il a ici ces deux sens.
7. **deep-seated** : de **to seat**, *asseoir, placer.*
8. **we are in for trouble** : *nous sommes bons pour des ennuis, sûrs d'y avoir droit.* **To be in for sth**, *être certain*

« Et pourtant, même une simple conversation — avec ce qu'elle implique d'écoute et de compréhension — peut souvent nous aider à replacer nos difficultés dans un contexte plus rationnel. »

Brunell était toujours silencieux, mais je voyais à la façon dont il tournait la tête de côté, le front barré de plis méditatifs, que j'avais réussi à l'atteindre et qu'il essayait de mettre de l'ordre dans ses idées.

Enfin, il se mit à hocher lentement la tête comme s'il était parvenu à une compréhension au moins partielle de son moi profond. « Je... je crois que je ne suis qu'un lâche », dit-il dans un souffle.

Ce n'était pas exactement la réaction que j'avais souhaitée, mais c'était mieux que rien. Je percevais maintenant qu'une grande partie de son problème était un profond complexe d'infériorité. Il manquait de confiance en lui, il avait désespérément besoin qu'on le revalorise à ses propres yeux.

« Nous sommes tous des lâches d'une façon ou d'une autre », déclarai-je. « Nous avons tous un ou plusieurs domaines qui nous inspirent de la terreur : il peut s'agir de claustrophobie, de crainte de la crise cardiaque, ou de l'accident d'avion, de peur des fauves pour n'en citer que quelques-uns. Et si nous nous laissons dominer par ces obsessions, alors nous sommes en grand danger. »

Je me suis mis ensuite en devoir de lui faire un cours de dix minutes, dans un but thérapeutique, sur l'importance de la dignité humaine, la croyance en soi et l'aptitude à façonner sa propre destinée. Je citai pour finir plusieurs cas où certains de mes patients avaient obtenu, sous mon contrôle, de remarquables résultats.

---

de, sur le point de, à la veille de connaître, de subir.
9. **one's self** : sa personnalité, son être propre, son propre moi. Plus fort ici que **oneself**.
10. **cases** : ∆ prononciation **case** [keis], **cases** ['keisiz].
11. **wherein** : in which. De même **whereby** = by which, **whereof** = of which, etc.
12. **success** [sə'kses] : le verbe correspondant est **to succeed**.

When I had finished, he nodded his head and took a sip from his glass. "I guess you're right," he said.

He was obviously more relaxed now, maybe because he had begun to get things straightened out in his head [1] or because of the liquor, or due to a combination of both. Anyway, I felt that my efforts were beginning to bear fruit.

"I made the mistake of letting things pile up for the past couple of years," he continued, "until tonight when they reached a climax [2]..."

"Right," I said. "The final straw that broke the camel's back [3], as it were. Then, afraid that you did not have the ability to eliminate your difficulty, you chose to eliminate yourself instead."

Brunell focused his gaze on his glass, eyes narrowing [4].

I decided that now was the time to do more probing [5]. "If you have a definite [6] problem that you would care to discuss with me," I suggested, "something you would like to bring out into the open perhaps..."

He shook his head slowly. "N-no," he said. "You have already helped me see things in a different light. I guess it won't hurt to tell you [7] that I drew out all my savings, cashed in all the assets [8] I could, and was preparing to fly away to parts unknown. Then I realized that I would still have the problem that would hound [9] me into sleepless nights wherever I went.

---

1. **... in his head :** m. à m. : *il avait commencé à mettre les choses en ordre dans sa tête ;* to **straighten out**, *redresser, arranger, mettre en ordre, remettre de l'ordre dans.*

2. **climax :** *apogée, faîte, point culminant* (théâtre...) ; *moment le plus intense de l'action ou de l'émotion.*

3. **the final straw that broke the camel's back :** le proverbe est : It's the final straw that breaks the camel's back, *c'est la dernière paille (du chargement) qui brise le dos du chameau.* On se contente souvent de dire : It's the final straw, ou the last straw.

4. **eyes narrowing :** m. à m. : *les yeux se rétrécissant ;* to **narrow :** *devenir (plus) étroit, se resserrer.*

5. **to probe :** *sonder, approfondir, aller au fond de* (problème...).

6. **definite :** *précis, défini, bien déterminé.*

Quand j'eus terminé, il approuva d'un hochement de tête et but une gorgée.

« Vous devez avoir raison », dit-il

Il était visiblement plus détendu maintenant, peut-être parce qu'il avait commencé à y voir plus clair en lui-même, ou à cause de l'alcool, ou pour ces deux raisons. De toute façon, j'avais le sentiment que mes efforts commençaient à porter leurs fruits.

« J'ai commis l'erreur de laisser les choses s'accumuler au cours des deux dernières années », continua-t-il, « jusqu'à ce que ça éclate ce soir ».

« Exact », répondis-je. « La goutte d'eau qui a fait déborder le vase, en quelque sorte. Alors, de peur de ne pas pouvoir éliminer votre problème, vous décidez de vous éliminer vous-même. »

Brunell regardait fixement son verre, en plissant les paupières.

Je décidai que le moment était venu de le pousser dans ses retranchements. « S'il y a quelque chose qui vous tracasse et que vous souhaiteriez discuter avec moi », suggérai-je, « quelque chose que vous aimeriez faire remonter au grand jour peut-être... ».

Il hocha lentement la tête. « N-non », dit-il. « Vous m'avez déjà aidé à voir les choses sous un jour différent. Je peux bien vous dire maintenant que j'avais retiré toutes mes économies, réalisé tous mes biens, et que je m'apprêtais à m'envoler pour une destination inconnue. Mais j'ai alors compris que je serai toujours obsédé par le même problème qui, où que j'aille, hanterait mes nuits d'insomnie.

---

7. **I guess it won't hurt to tell you** : m. à m. : *je pense que ça ne fera pas de mal de vous dire...*
8. **cashed in all the assets** : *transformer en liquide tous les actifs*. Terme de comptabilité : **assets** (sing. **asset** ['æsit]) peut aussi signifier *avantage(s), point(s) fort(s)*, de même que **liabilities** (*passif*, sing. **liability**) peut également vouloir dire *faiblesse(s), point(s) faible(s), défaut(s)*.
9. **to hound** : *traquer, pourchasser, s'acharner sur*. De **hound**, *chien de meute*.

In desperation, I finally decided to take the easy and final way of complete escape[1] by — well, you know..."

"Above all else," I reminded him, "a man must believe in himself !"

Suddenly, Brunell tossed off[2] the rest of his liquor and got to his feet, his long, pale face molded[3] into determined lines and his eyes meeting mine for the first time since he had entered the room. "You have done a lot for me," he said, extending his hand, "and I want to thank you. I feel certain that I can shape my own destiny from now on."

"If I have helped you," I said, enjoying the firm clasp[4] of his hand, "that in itself is my reward. An no more bridge jumping. Right ?"

"Right."

I phoned Lieutenant DeWitt immediately[5] after Brunell's departure. "Dr. Harper here," I said. "I am happy to report[6] that our first experimental case has been concluded in a highly satisfactory manner."

"Do you want me to pick him up[7] ?"

"Not at all. I sent him on his way in a cab just a few minutes ago after relaxing him with some drinks and giving him a much-needed ego boost, a strong dose of self-confidence, as it were[8]."

"I see. I must admit that I was a bit skeptical at first." He paused a moment. "You sure[9] he'll be all right ?"

---

1. **escape :** *évasion, fuite, dérobade, échappatoire.*
2. **to toss off :** *avaler d'un trait, siffler* (un verre) ; aussi *expédier une tâche ;* **to toss,** *lancer, jeter, (s')agiter ;* **to win the toss,** *gagner à pile ou face.*
3. **to mold** (G.B. : **mould**) : *mouler, façonner, former.*
4. **clasp :** *étreinte, enlacement ;* **to clasp,** *étreindre avec effusion.*
5. **immediately :** ⚠ orthographe. Ne pas oublier le e final de l'adjectif en ajoutant le **-ly** qui le transforme en adverbe. Cf. **sincere, sincerely.**
6. **to report :** 1) *faire son rapport, rendre compte, rapporter, signaler ;* 2) *se présenter* (convocation, prise de fonction) ; aussi *dépendre hiérarchiquement de qqn :* **you'll report direct to Mr. X,** *vous dépendrez directement de M. X.*

De désespoir, j'ai alors décidé d'adopter une solution simple et définitive, la délivrance absolue, en... vous connaissez la suite. »

« Avant toute chose », lui rappelai-je, « un homme doit croire en lui-même. »

Soudain, Brunell vida son verre d'un trait et se mit debout, son long visage pâle empreint d'une expression déterminée, me regardant droit dans les yeux pour la première fois depuis qu'il était entré dans la pièce. « Vous m'avez rendu un immense service », déclara-t-il en me tendant la main. « Et je tiens à vous en remercier. Je suis convaincu qu'à partir d'aujourd'hui je saurai façonner ma propre destinée. »

« Si j'ai pu vous aider », répondis-je, en appréciant la fermeté de sa poignée de main, « c'est pour moi la plus belle des récompenses. Et plus question de sauter du haut des ponts, d'accord ? ».

« Promis. »

Je téléphonai au Lieutenant DeWitt aussitôt après le départ de Brunell. « Ici le Docteur Harper », annonçai-je. « J'ai le plaisir de vous signaler que notre première expérience s'est terminée de façon très satisfaisante. »

« Voulez-vous que je passe le prendre ? »

« Pas la peine. Je l'ai mis dans un taxi il y a tout juste quelques minutes. Je lui ai servi quelques verres pour le détendre et je lui ai redonné le moral — il en avait bien besoin — en lui injectant, pour ainsi dire, une bonne dose de confiance en lui. »

« Je vois. J'avoue que j'étais un peu sceptique au départ. » Il s'interrompit un instant. « Vous êtes sûr qu'il est tiré d'affaire ? »

---

7. **to pick s.o. up :** *passer prendre qqn, aller chercher* (en général en voiture). **I'll pick you up at the airport and drop you off at your hotel,** *je vous prendrai à l'aéroport et vous laisserai à l'hôtel.*
8. **as it were :** tic du Dr. Harper, qui a décidément un grand sens de l'à-peu-près, comme le montre la fin de l'histoire.
9. **you sure :** ellipse du verbe. **Are you sure...** ou **you are sure...**

"I personally[1] guarantee[2] it. No more bridge jumping. He left here a changed man!"

After cradling[3] the phone, I picked up[4] my book and resumed reading where I had left off earlier. I must have read[5] for a full two hours and was considering going[6] to bed when the phone came suddenly to life. I scooped[7] it up. "Dr. Harper here," I said.

"You may have given your patient too much of an ego boost." It was the voice of Lieutenant DeWitt. "Or too much liquor. Or both."

"Why?" I gasped. "Surely Brunell didn't go back to the bridge and jump?"

"We don't know yet. We can't find him. We've been searching for him everywhere, including the river[8], for the past hour."

"I don't understand..."

"The manager of a motel at the edge of town reported hearing shots in one of his units a little more than an hour ago. When we investigated[9], we found the bullet-riddled body of Mrs. Brunell, along with the mutilated body of what had obviously been her boy friend. Naturally, we're looking for Brunell."

That revelation left me stunned[10] for a moment. Then I suddenly remembered what Brunell had said about having cashed in all his assets, and the answer became crystal clear[11]. "Well, you needn't search in the river anymore," I said.

---

1. **personally :** ∆ orthographe : un seul n, et deux l.
2. **guarantee :** ∆ prononciation [gærən'ti:]. Le u n'est pas prononcé. De même dans **guard, to guard, guardian**.
3. **to cradle :** 1) *coucher dans un berceau* (**cradle**) ; 2) (ici) *reposer sur son support*.
4. **to pick up :** 1) *prendre, se saisir de, ramasser, reprendre* ; 2) (économie) *reprendre, connaître une reprise*.
5. **I must have read :** notez que **must** est ici un passé. I must have been reading for 2 hours, *je dois lire depuis 2 heures*. I must have read for 2 hours, *je devais lire depuis 2 heures*. Ces constructions sont rendues nécessaires par le fait que **must** n'a pas de participe passé.
6. **considering going :** les verbes introduits par **to envisage, to contemplate, to consider** *(envisager)* sont à la forme en -ing.

« Je le garantis personnellement. Plus question qu'il saute du haut des ponts. Il est sorti d'ici complètement transformé. »

Je raccrochai l'appareil, ouvris mon livre et repris ma lecture là où je m'étais arrêté précédemment. Je devais lire depuis deux bonnes heures et me disposai à aller me coucher quand la sonnerie du téléphone retentit soudain. Je décrochai. « Ici le Docteur Harper. »

« Vous avez peut-être donné trop de confiance à votre patient. » C'était la voix du Lieutenant DeWitt. « Ou trop d'alcool ou les deux. »

« Pourquoi ? » hoquetai-je. « Ne me dites pas qu'il est retourné sur le pont pour recommencer ! »

« On ne sait pas encore. Il a disparu. On le cherche partout y compris dans le fleuve, depuis une heure. »

« Je ne comprends pas... »

« Le gérant d'un motel à la sortie de la ville nous a signalé avoir entendu des coups de feu dans un de ses pavillons il y a un peu plus d'une heure. Sur place, nous avons trouvé le corps criblé de balles de Madame Brunell, ainsi que le cadavre mutilé de celui qui avait évidemment été son amant. Bien entendu, nous recherchons Brunell. »

Je restai quelques instants assommé par cette révélation. Et puis je me souvins de Brunell disant qu'il avait réalisé la totalité de ses biens, et tout devint clair.

« Inutile de faire rechercher son corps dans le fleuve », dis-je.

---

7. **to scoop up :** *évider, enlever en creusant, prendre avec le creux de la main, ramasser avec un seau, une pelle.*
8. **river :** *rivière ou fleuve, cours d'eau.*
9. **to investigate :** *enquêter, faire une enquête.* Ici, *se rendre sur les lieux.*
10. **to stun :** 1) *assommer, étourdir* ; 2) *stupéfier, abasourdir.*
11. **crystal clear :** *clair comme de l'eau de roche* (m. à m. : *clair, transparent, comme du cristal*).

"Right now, Brunell is undoubtedly on his way to parts unknown [1] with his life's savings [2] in his pocket."

"Thanks a lot!" There was a sharp click as DeWitt broke the connection [3].

I gazed thoughtfully at the silent telephone for a moment or two. Well, my psychological approach to the patient's difficulties had not been a *total* failure, I reasoned. Brunell, it seemed, had at least solved a couple of his problems [4] in a very direct and decisive manner, as it were [5].

---

1. **parts unknown :** cf. foreign parts, *pays étranger.* Cette expression, souvent employée de façon facétieuse, donne une impression de totale ignorance de la destination, le vague de **parts** étant renforcé par la position après le nom du participe passé **unknown**.
2. **his life's savings :** *tout ce qu'il a pu économiser au cours de sa vie.*
3. **connection :** *rapport, liaison, contact, relation.* Au téléphone : liaison, fait d'avoir la ligne, le numéro. **To break the connection,** (ici) *mettre un terme à la communication,* **to connect,** *mettre en rapport, en communication, relier, raccorder, brancher,* etc.
4. **a couple of his problems :** *deux de ses problèmes* mais aussi *un couple* au sens propre (sa femme et l'amant de

« A l'heure qu'il est, Brunell est certainement en route pour une destination inconnue avec, en poche, la totalité de ses économies. »

« Merci infiniment ! » Il raccrocha sèchement.

Dans le silence qui suivit, je restai quelques instants à contempler pensivement le téléphone. Après tout, raisonnai-je, mon approche psychologique des difficultés du patient n'avait pas été un échec total. Apparemment, Brunell avait au moins résolu deux de ses problèmes d'une façon directe et décisive, pour ainsi dire.

---

celle-ci) qui lui faisait problème. La solution qu'il a trouvée *est pour ainsi dire* (**as it were !**) parfaite.

5. Le titre de la nouvelle, **Ego Boost**, *Bon pour le moral* ou *Fierté retrouvée*, est triplement justifié : Brunell a repris confiance en lui, le Dr. Harper a vu ses théories confirmées (!) et un troisième sens nous est suggéré par la dérision du **as it were** : il y a vraiment de quoi être fier !

Révisions

Vous avez rencontré dans la nouvelle que vous venez de lire l'équivalent des expressions françaises suivantes. Vous en souvenez-vous ?

1. Appelez-moi dès que vous en aurez terminé.
2. J'ai commis l'erreur de laisser les choses s'accumuler.
3. C'est la goutte d'eau qui fait déborder le vase.
4. Voulez-vous que je passe le prendre ?
5. Je repris ma lecture là où je l'avais interrompue.
6. Je me souvins d'un des sujets que nous avions discutés la dernière fois que nous nous étions rencontrés.
7. Installez-vous (mettez vous à l'aise), je reviens tout de suite.
8. Je vais vous reconduire (à la porte).
9. On dirait qu'on a un petit problème.
10. Vous m'avez aidé à voir les choses sous un jour différent.
11. Il manquait de confiance en lui.
12. J'avais proposé mes services à titre purement expérimental.
13. Je lui fis un cours de 10 minutes sur la dignité humaine.
14. Ont-ils changé d'avis ?

1. Call me as soon as you have finished.
2. I made the mistake of letting things pile up.
3. It's the final straw that breaks the camel's back.
4. Do you want me to pick him up ?
5. I resumed reading where I had left off.
6. I remembered one of the subjects we had been discussing when we had last met.
7. Make yourself comfortable, I'll be right back.
8. I'll show you out.
9. It seems (that) we have a bit of a problem.
10. You have helped me see things in a different light.
11. He lacked self-confidence.
12. I had volunteered my services on a purely experimental basis.
13. I gave him a ten-minute lecture on human dignity.
14. Did they change their minds ?

ENREGISTREMENT SONORE

- Vous trouverez dans les pages suivantes le texte des extraits enregistrés sur la cassette accompagnant ce volume.
- Chaque extrait est suivi d'un certain nombre de questions, destinées à tester votre compréhension.
- Les réponses à ces questions apparaissent en bas de page.

→ Vous tirerez le meilleur profit de cette dernière partie en utilisant la cassette de la façon suivante :

1) *Essayez de répondre* aux questions sans vous référer au texte écrit.

2) *Vérifiez votre compréhension* de l'extrait et des questions de la cassette à l'aide du livre.

3) *Refaites* l'exercice jusqu'à ce que vous ne soyez plus tributaire du texte écrit.

[# 8]

Extrait n° 1, p. 10, 12.

I was doing about eighty, but the long, flat road made it feel only half that fast.

The redheaded kid's eyes were bright and a little wild as he listened to the car radio. When the news bulletin was over, he turned down the volume.

He wiped the side of his mouth with his hand. "So far they found seven of his victims."

I nodded. "I was listening." I took one hand off the wheel and rubbed the back of my neck, trying to work out some of the tightness.

He watched me and his grin was half-sly. "You nervous about something?"

My eyes flicked in his direction. "No. Why should I be?"

The kid kept smiling. "The police got all the roads blocked for fifty miles around Edmonton."

"I heard that, too."

The kid almost giggled. "He's too smart for them."

I glanced at the zipper bag he held on his lap. "Going far?"

He shrugged. "I don't know."

The kid was a little shorter than average and he had a slight build. He looked about seventeen, but he was the baby-face type and could have been five years older.

He rubbed his palms on his slacks. "Did you ever wonder what made him do it?"

I kept my eyes on the road. "No."

He licked his lips. "Maybe he got pushed too far. All his life somebody always pushed him. Somebody was always there to tell him what to do and what not to do. He got pushed once too often."

The kid stared ahead. "He exploded. A guy can take just so much. Then something's got to give."

- **Questions**

1. *What was the kid listening to on the radio?*
2. *Why did the driver rub the back of his neck?*

3. How fast was he driving ?
4. What had the police done to catch the killer ?
5. How tall was the kid ?
6. How old was he ?
7. Does the kid think the police will catch the killer ?
8. What do we know about the number of victims ?

• **Corrigé**

1. He was listening to the news bulletin.
2. To work out some of the tightness.
3. He was doing about eighty miles an hour.
4. They had blocked all the roads for fifty miles around Edmonton.
5. He was a little shorter than average.
6. He looked about seventeen, but he could have been five years older.
7. No. He doesn't. He says "He's too smart for them".
8. Seven of them have been found so far.

Extrait n° 2, p. 14-16.

The kid was quiet for a while, and then he said, "It took guts to kill seven people. Did you ever hold a gun in your hand ?"

"I guess almost everybody has."

His teeth showed through twitching lips. "Did you ever point it at anybody ?"

I glanced at him.

His eyes were bright. "It's good to have people afraid of you," he said. "You're not short any more when you got a gun."

"No," I said. "You're not a runt any more."

He flushed slightly.

"You're the tallest man in the world," I said. "As long as nobody else has a gun, too."

"It takes a lot of guts to kill," the kid said again. "Most people don't know that."

"One of those killed was a boy of five," I said. "You got anything to say about that ?"

He licked his lips. "It could have been an accident."

I shook my head. "Nobody's going to think that."

His eyes seemed uncertain for a moment. "Why do you think he'd kill a kid ?"

I shrugged. "That would be hard to say. He killed one person and then another and then another. Maybe after awhile it didn't make any difference to him what they were. Men, women, or children. They were all the same."

The kid nodded. "You can develop a taste for killing. It's not too hard. After the first few, it doesn't matter. You get to like it."

He was silent for another five minutes. "They'll never get him. He's too smart for that."

I took my eyes off the road for a few moments. "How do you figure that ? The whole country's looking for him. Everybody knows what he looks like."

The kid lifted both his thin shoulders. "Maybe he doesn't care. He did what he had to do. People will know he's a big man now."

- **Questions**

1. *Why does the kid enjoy the idea of pointing a gun at somebody ?*
2. *What does he think of the killer ?*
3. *How does he explain the killing of a boy of five ?*
4. *What is the driver's own explanation ?*
5. *Does the kid agree ?*
6. *According to the driver, will the killer probably be caught ?*

- **Corrigé**

1. Because, he says, it's good to have people afraid of you. You're not short any more when you got a gun.
2. He admires him. He thinks he's got guts and is too smart for the police to get him.
3. He says it could have been an accident.
4. May be after a while it didn't make any difference to the killer what his victims were — men, women or children. They were all the same.
5. Yes. He nods and says : you can develop a taste for killing. After the first few, it doesn't matter. You get to like it.
6. Yes, because the whole country is looking for him, and everybody knows what he looks like.

THE DAY OF THE EXECUTION

Extrait n° 1, p. 26, 28, 30.

She was lying on the couch when he entered the apartment. He hadn't imagined this detail of his triumphant homecoming.

He came over to her and she shifted slightly on the couch to let his arms surround her.

He said : "Did you hear, Doreen ? Did you hear what happened ?"

"I heard it on the radio."

"Well ? Don't you know what it means ? I've got my conviction. My first conviction, and a big one. I'm no junior anymore, Doreen."

"What will they do to that man ?"

He blinked at her, tried to determine what her mood might be. "I asked for the death penalty," he said. "He killed his wife in cold blood. Why should he get anything else ?"

"I just asked, Warren." She put her cheek against his shoulder.

"Death is part of the job," he said. "You know that as well as I do, Doreen. You're not holding that against me ?"

She pushed him away for a moment, appeared to be deciding whether to be angry or not. Then she drew him quickly to her, her breath hot and rapid in his ear.

They embarked on a week of celebration. Quiet, intimate celebration, in dim supper clubs and with close acquaintances. It wouldn't do for Selvey to appear publicly gay under the circumstances.

On the evening of the day the convicted Murray Rodman was sentenced to death, they stayed at home and drank hand-warmed brandy from big glasses. Doreen got drunk and playfully passionate, and Selvey thought he could never be happier. He had parlayed a mediocre law-school record and an appointment as a third-class member of the state legal department into a position of importance and respect. He had married a beautiful, pampered woman and could make her whimper in his arms. He was proud of himself. He was grateful for the opportunity Murray Rodman had given him.

• Questions

1. Why was Warren triumphant ?
2. What was Doreen doing when he entered the apartment ?
3. Did she congratulate him for his success ?
4. What was Murray Rodman guilty of ?
5. Did Warren and Doreen go out on the evening of the day Murray Rodman was sentenced to death ?
6. Why was their celebration of his victory quiet and intimate ?
7. Had Warren been a brilliant student at law school ?
8. Was Warren sorry for Murray Rodman ?

• Corrigé

1. Because he had got his first conviction.
2. She was lying on the couch.
3. No. She simply said : "I heard it on the radio" and then "what will they do to that man ?"
4. He killed his wife in cold blood.
5. No ; they stayed at home and drank brandy.
6. Because it wouldn't have done for Warren Selvey to appear publicly gay under the circumstances.
7. No. He had a mediocre law-school record.
8. Not at all. He said : "I asked for the death penalty... Why should he get anything else ?" and he was grateful for the opportunity Murray Rodman had given him.

Extrait n° 2, p. 36, 38, 40.

That night, Doreen asked him the hour for the fourth time.

"Eleven," he said sullenly.

"Just another hour." She sank deep into the sofa cushions. "I wonder how he feels right now..."

"Cut it out !"

"My, we're jumpy tonight."

"My part's done with, Doreen. I told you that again and again. Now the State's doing its job."

She held the tip of her pink tongue between her teeth thoughtfully. "But you put him where he is, Warren. You can't deny that."

"The jury put him there!"

"You don't have to shout at *me*, attorney."

"Oh, Doreen..." He leaned across to make some apologetic gesture, but the telephone rang.

He picked it up angrily.

"Mr. Selvey? This is Arlington."

All over Selvey's body, a pulse throbbed.

"What do you want?"

"Mr. Selvey, I been thinking it over. What you told me today. Only I don't think it would be right, just forgetting about it. I mean —"

"Arlington, listen to me. I'd like to see you at my apartment. I'd like to see you right now."

From the sofa, Doreen said: "Hey!"

"Did you hear me, Arlington? Before you do anything rash, I want to talk to you, tell you where you stand legally. I think you owe that to yourself."

There was a pause at the other end.

"Guess maybe you're right, Mr. Selvey. Only I'm way downtown, and by the time I get there —"

"You can make it. Take the IRT subway, it's quickest. Get off at 86th Street."

When he hung up, Doreen was standing.

"Doreen, wait. I'm sorry about this. This man is — an important witness in a case I'm handling. The only time I can see him is now."

"Have fun," she said airily, and went to the bedroom.

"Doreen —"

The door closed behind her. For a moment, there was silence. Then she clicked the lock.

• **Questions**

1. What's going to take place at midnight?
2. Why does Selvey want to see Arlington at his apartment?
3. Where does Selvey tell Arlington to get off the subway?
4. What does Selvey tell Doreen about Arlington?
5. Complete Arlington's words: "I'm way downtown and by the time I get there..."
6. What does Doreen mean when she says: "You put him where he is. You can't deny that."

7. *Why did Doreen click the lock ?*
8. *What was Warren doing when the telephone rang ?*
- **Corrigé**

1. Murray Rodman will be executed.
2. To prevent him from confessing. He says : "I want to talk to you, tell you where you stand legally."
3. At 86th Street.
4. "This man is an important witness in a case I'm handling."
5. Murray Rodman will be dead or : Murray Rodman will have been executed.
6. She means that Warren is responsible for Rodman's execution.
7. Because she didn't want her husband to follow her into the bedroom.
8. He was leaning across to make some apologetic gesture.

Extrait n° 3, p. 42, 44, 46.

He was jarred out of his doze by the mantel clock's chiming.

"Whazzat ?"

"Only the clock," Selvey grinned.

"Clock ? What time ? What time ?"

"Twelve, Mr. Arlington. Your worries are over. Mr. Rodman's already paid for his crime."

"No !" The old man stood up, circling wildly. "No, that's not true. I killed that woman. Not him ! They can't kill him for something he —"

"Relax, Mr. Arlington. Nothing you can do about it now."

"Yes, yes ! Must tell them — the police —"

"But why ? Rodman's been executed. As soon as that clock struck, he was dead. What good can you do him now ?"

"Have to !" the old man sobbed. "Don't you see ? Couldn't live with myself, Mr. Selvey. Please —"

He tottered over to the telephone. Swiftly the attorney put his hand on the receiver.

"Don't," he said.

Their hands fought for the instrument, and the younger man's won easily.

"You won't stop me, Mr. Selvey. I'll go down there

myself. I'll tell them all about it. And I'll tell them about you —"

He staggered toward the door. Selvey's arm went out and spun him around.

"You crazy old tramp! You're just asking for trouble. Rodman's dead —"

"I don't care!"

Selvey's arm lashed out and his hand cracked across the sagging, white-whiskered face. The old man sobbed at the blow, but persisted in his attempt to reach the door. Selvey's anger increased and he struck out again, and after the blow, his hands dropped to the old man's scrawny neck. The next idea came naturally. There wasn't much life throbbing in the old throat. A little pressure, and Selvey could stop the frantic breathing, the hoarse, scratchy voice, the damning words...

Selvey squeezed, harder and harder.

And then his hands let him go. The old man swayed and slid against Selvey's body to the floor.

In the doorway, rigid, icy-eyed : Doreen.

"Doreen, listen —"

"You choked him," she said.

"Self-defense!" Selvey shouted. "He broke in here, tried to rob the apartment."

She slammed the door shut, twisted the inside lock. Selvey raced across the carpet and pounded desperately on the door. He rattled the knob and called her name, but there was no answer. Then he heard the sound of a spinning telephone dial.

- **Questions**

1. *What jarred the old man out of his doze?*
2. *Was it twelve noon?*
3. *Who did Mr. Arlington want to telephone to?*
4. *What did Selvey mean when he said "nothing you can do about it now"?*
5. *How did Selvey kill the old man?*
6. *What did Selvey try to make Doreen believe?*
7. *Do you remember the verbs used to describe the old man's way of walking?*
8. *What did the old man say that made Selvey particularly angry?*

- **Corrigé**
1. The mantel clock's chiming. The clock struck twelve.
2. No it was twelve midnight.
3. He wanted to telephone the police to tell them that he'd killed the woman.
4. He meant that Rodman had already been executed.
5. He choked him to death.
6. That he had killed Arlington in self-defense, because the old man had tried to rob the apartment.
7. He tottered over to the telephone. He staggered towards the door.
8. "I'll tell them all about it. And I'll tell them about you."

GOOD FOR THE SOUL

Extrait n° 1, p. 50.

In the morning, Warren Cuttleton left his furnished room on West Eighty-third Street and walked over to Broadway. It was a clear day, cool, but not cold, bright, but not dazzling. At the corner, Mr. Cuttleton bought a copy of *The Daily Mirror* from the blind newsdealer who sold him a paper every morning and who, contrary to established stereotype, recognized him by neither voice nor step. He took his paper to the cafeteria where he always ate breakfast, kept it tucked tidily under his arm while he bought a sweet roll and a cup of coffee, and sat down alone at a small table to eat the roll, drink the coffee, and read *The Daily Mirror* cover to cover.

When he reached page three, he stopped eating the roll and set the coffee aside. He read a story about a woman who had been killed the evening before in Central Park. The woman, named Margaret Waldek, had worked as a nurse's aide at Flower Fifth Avenue Hospital. At midnight her shift had ended. On her way home through the park, someone had thrown her down, assaulted her, and stabbed her far too many times in the chest and abdomen. There was a long and rather colorful story to this effect, coupled with a moderately grisly picture of the late Margaret Waldek. Warren Cuttleton read the story and looked at the grisly picture.

And remembered.

- **Questions**

1. Where did Warren Cuttleton live ?
2. What was the weather like on that particular morning ?
3. Do you remember the name of the newspaper he bought ?
4. Who did he buy it from ?
5. What did he have for breakfast ?
6. Where had the woman been killed ?
7. What was her job at the hospital ?
8. Can you spell the name Waldek ?

- **Corrigé**

1. He lived in a furnished room on West Eighty-third Street.
2. It was a clear day, cool, but not cold, bright but not dazzling.
3. He bought *The Daily Mirror.*
4. He bought it from a blind newsdealer.
5. He had a cup of coffee and a sweet roll.
6. She had been killed in Central Park.
7. She worked as a nurse's aide.
8. W.A.L.D.E.K.

Extrait n° 2, p. 66, 68, 70.

"You didn't kill that woman, Mr. Cuttleton. Now why did you tell us you did ?"

He stared at them.

"First, you had an alibi and you didn't mention it. You went to a double feature at Loew's Eighty-third, the cashier recognized you from a picture and remembered you bought a ticket at 9:30. An usher also recognized you and remembers you tripped on your way to the men's room and he had to give you a hand, and that was after midnight. You went straight to your room, one of the women lives downstairs remembers that. The fellow down the hall from you swears you were in your room by one and never left it and the lights were out fifteen minutes after you got here. Now why in the name of heaven did you tell us you killed that woman?"

This was incredible. He did not remember any movies. He did not remember buying a ticket, or tripping on the way to the men's room. Nothing like that. He remembered only the lurking and the footsteps and the attack, the knife and the screams, the knife down a sewer and the clothes in some incinerator and washing away the blood.

"More. We got what must be the killer. A man named Alex Kanster, convicted on two counts of attempted assault. We picked him up on a routine check and found a bloody knife under his pillow and his face torn and scratched, and I'll give three-to-one he's confessed by now, and he killed the Waldek woman and you didn't, so why the confession? Why give us trouble? Why lie?"

"I don't lie," Mr. Cuttleton said.

Rooker opened his mouth and closed it. The other policeman said, "Ray, I've got an idea. Get someone who knows how to administer a polygraph thing."

He was very confused. They led him to another room and strapped him to an odd machine with a graph, and they asked him questions. What was his name? How old was he? Where did he work? Did he kill the Waldek woman? How much was four and four? Where did he buy the knife? What was his middle name? Where did he put his clothes?

"Nothing," the other policeman said. "No reaction. See? He *believes* it, Ray."

"Maybe he just doesn't react to this. It doesn't work on everybody."

"So ask him to lie."

"Mr. Cuttleton," Sergeant Rooker said, "I'm going to ask you how much four and three is. I want you to answer six. Just answer six."

"But it's seven."

"Say six anyway, Mr. Cuttleton."

"Oh."

"How much is four and three?"

"Six."

He reacted, and heavily. "What it is," the other cop explained, "is he believes this, Ray. He didn't mean to make trouble, he believes it, true or not. You know what an imagination does, how witnesses swear to lies because they remember things wrong. He read the story and he believed it all from the start."

• **Questions**

1. *What did the cashier remember about Mr. Cuttleton ?*
2. *Why did the usher notice Warren Cuttleton ?*
3. *Did Mr. Cuttleton lie ?*
4. *Why was he asked to say that four and three is six ?*
5. *What did Cuttleton believe he had done with the knife and clothes ?*
6. *How did the police pick up the real murderer ?*
7. *Where did they find a bloody knife ?*
8. *Was it the first time Alex Kanster had trouble with the police ?*

• **Corrigé**

1. That he had bought a ticket at 9:30.
2. Because Mr. Cuttleton had tripped on his way to the men's room, and he had had to give him a hand.
3. No. He really believed he killed the woman.
4. Because the policemen wanted to see how he reacted when he lied.
5. He believed he'd thrown the knife into a sewer and the clothes in an incinerator.
6. They picked him up on a routine check.
7. Under Alex Kanster's pillow.
8. No. He had already been convicted on two counts of attempted assault.

Extrait n° 3, p. 84, 86.

On a clear afternoon that followed on the heels of a rainy morning in late September, Warren Cuttleton came home from the Bardell office and stopped at a Chinese laundry to pick up his shirts. He carried his shirts around the corner to a drugstore on Amsterdam

Avenue and bought a tin of aspirin tablets. On the way back to his rooming house he passed — or started to pass — a small hardware store.

Something happened.

He walked into the store in robotish fashion, as though some alien had taken over control of his body, borrowing it for the time being. He waited patiently while the clerk finished selling a can of putty to a flat-nosed man. Then he bought an ice pick.

He went back to his room. He unpacked his shirts — six of them, white, stiffly starched, each with the same conservative collar, each bought at the same small haberdashery — and he packed them away in his dresser. He took two of the aspirin tablets and put the tin in the top drawer of the dresser. He held the ice pick between his hands and rubbed his hands over it, feeling the smoothness of the wooden handle and stroking the cool steel of the blade. He touched the tip of his thumb with the point of the blade and felt how deliciously sharp it was.

He put the ice pick in his pocket. He sat down and smoked a cigarette, slowly, and then he went downstairs and walked over to Broadway. At Eighty-sixth Street he went downstairs into the IRT station, dropped a token, passed through the turnstile. He took a train uptown to Washington Heights. He left the train, walked to a small park. He stood in the park for fifteen minutes, waiting.

He left the park. The air was chillier now and the sky was quite dark. He went to a restaurant, a small diner on Dyckman Avenue. He ordered the chopped sirloin, very well done, with French-fried potatoes and a cup of coffee. He enjoyed his meal very much.

• Questions

1. Where did Warren Cuttleton stop to pick up his shirts?
2. What did he buy at a drugstore?
3. When he was back in his room, where did he put the tin of aspirin tablets?
4. How long did he wait in the park?
5. What did he order for dinner?

6. How did he want his sirloin ?
7. What was the clerk doing when Warren Cuttleton entered the hardware store ?
8. Can you spell the word "Heights" ?

• Corrigé

1. At a Chinese laundry.
2. He bought a tin of aspirin tablets.
3. In the top drawer of the dresser.
4. Fifteen minutes.
5. A chopped sirloin with French-fried potatoes and a cup of coffee.
6. Very well done.
7. He was selling a can of putty to a flat-nosed man.
8. H.E.I.G.H.T.S. Heights.

Extrait n° 4, p. 86, 88.

He paid his check and tipped the counterman and left the diner. Night now, cold enough to freeze the edge of thought. He walked through lonely streets. He found an alleyway. He waited, silent and still.
Time.
His eyes stayed on the mouth of the alley. People passed — boys, girls, men, women. He did not move from his position. He was waiting. In time the right person would come. In time the streets would be clear except for that one person, and the time would be right, and it would happen. He would act. He would act fast.

He heard high heels tapping in staccato rhythm, approaching him. He heard nothing else, no cars, no alien feet. Slowly, cautiously, he made his way toward the mouth of the alley. His eyes found the source of the tapping. A woman, a young woman, a pretty young woman with a curving body and a mass of jet-black hair and a raw red mouth. A pretty woman, his woman, the right woman, this one, yes, now !

She moved within reach, her high-heeled shoes never altering the rhythm of their tapping. He moved in liquid perfection. One arm reached out, and a hand fastened upon her face and covered her raw red mouth. The other arm snaked around her waist and tugged at her. She was off-balance, she stumbled after him, she disappeared with him into the mouth of the alley.

She might have screamed, but he banged her head on the cement floor of the alley and her eyes went glassy. She started to scream later, but he got a hand over her mouth and cut off the scream. She did not manage to bite him. He was careful.

Then, while she struggled, he drove the point of the ice pick precisely into her heart.

- **Questions**

1. What's a diner ?
2. Were there many people in the streets when Warren Cuttleton left the diner ?
3. What was he waiting for ?
4. Describe his victim's hair.
5. What sort of shoes did she wear ?
6. Did Cuttleton seem to be in a panic ?
7. How did he kill his victim ?
8. When did it all take place ?

- **Corrigé**

1. Diner is a familiar word for a small restaurant where customers eat at the counter.
2. No. He walked through lonely streets.
3. He was waiting for the streets to be clear except for the right person.
4. She had a mass of jet-black hair.
5. She was wearing high-heeled shoes.
6. No. He acted very deliberately : he was silent and still, and careful.
7. He drove the point of the ice-pick into her heart.
8. On a cold September evening.

ANOTHER WAY OUT

Extrait n° 1, p. 108, 110.

Two gunmen behind .45 automatics had held up the Merchants Security Bank minutes after an armored truck had delivered close to ninety thousand in currency. They had worn yachting caps and ornamental scarves about their necks. The scarves had been pulled up over their faces at the moment of entry, and only their eyes were revealed.

All might have gone well for the bandits, but a customer outside of the bank had approached the main door. Catching the picture at a glance, he had waved down a patrol car which had just then rounded the corner.

One gunman was killed in an exchange of shots as he left the bank. The other had taken a hostage, Miss Lynn Radford, a teller, and had escaped with the loot by a side door. The robber hustled her to a car in the next block and sped off.

As Lynn Radford explained it after she was released unharmed, her captor could not ride through the streets with a scarf over his face, so he had yanked it off. Thus, she got a look at him, though mostly he kept his head turned away from her, and the cap covered his hair. Miss Radford wrote down the tag number of the car, a beige Ford sedan, but as it turned out, the license plates had been stolen.

There was a rather fascinating sidelight to the case. The slain robber, Harley Beaumont, 38, was a computer programmer in the data processing section of Merchants Security. Recently divorced, he had not the least criminal record.

Cutler appeared to be a bird of the same feather, and that was a piece of the puzzle. Also, as described by Miss Radford, the robber was tall and slim and in his late thirties, as was Cutler. She thought he had pale-blue eyes, and so did Cutler, as I remembered, though his eyes were somewhat obscured by his strong lenses. He couldn't function without glasses, but he could have worn contacts during the robbery.

Finally, the robbery had taken place on the third day of his vacation. Harley Beaumont had also been on vacation.

- **Questions**

1. When did the holdup occur ?
2. What did the gunmen wear ?
3. How did the surviving gunman manage to escape ?
4. Did it help the police to know the tag number of the car ?
5. How old was the slain robber ?
6. What was his job ?
7. Was he already known to the police ?
8. Did Cutler usually wear glasses or contact lenses ?

- **Corrigé**

1. It occurred minutes after an armored truck had delivered close to ninety thousand dollars in currency.
2. They wore yachting caps and ornamental scarves.
3. He took a hostage and escaped by a side door.
4. No because the licence plates had been stolen.
5. He was 38.
6. He was a computer programmer.
7. No. He had not the least criminal record.
8. He usually wore glasses but could have worn contact lenses during the robbery.

Extrait n° 2, p. 112, 114, 116.

Despite the harsh photo of her in the newspaper, I recognized her at once. I had taken the nearest booth to the door, and Miss Radford, with a hesitant smile, sank to the opposite cushion and peered at me in wary silence.

"Sorry about all this intrigue," I said, "but it seems necessary, and I do appreciate your help."

She shrugged but said nothing, and I asked if she'd like a drink.

She brightened. "I'd love a stinger," she said quickly. "I've been more relaxed having a tooth pulled." She smiled in a way that gave her uncomplicated face the first accent of personality.

I ordered two of the same, and she went on to say, "I just can't help being a bit nervous, Mr. Stansbury. Since the robbery, nearly every stranger looms as a kind of threat to me."

"Naturally."

"But you do seem a nice person, not at all scary."

"Little old ladies adore me."

"Go on," she said with a giggle. A waiter brought the stingers, and she gulped half her glass in one swallow. I explained that I had once been an artist and that because I studied facial characteristics with a professional eye, I had recognized the basic similarity between my suspect and the composite, while most people would fail to note the resemblance.

"What sort of man is he?" she wanted to know.

"He's pleasant, well educated, has a responsible job. Far as I know, he's never been in any trouble. But don't let that fool you."

"What about his appearance?"

"I was coming to that. He's tall and slender, he's thirty-nine and —"

"That fits him exactly," she said.

"And he wears thick-lensed glasses with a heavy black frame."

"Then you've got the wrong man," she declared firmly.

- **Questions**

1. *Who is Don's suspect?*
2. *How old is Allen Cutler?*
3. *Did Don find it difficult to recognize Lynn Radford?*
4. *Did Miss Radford seem to be relaxed and confident?*
5. *Had Cutler already had trouble with the police?*
6. *Why does Lynn Radford say: "Then you've got the wrong man?"*
7. *Describe Allen Cutler's glasses.*
8. *Was the resemblance between Allen Cutler and the composite easy to notice?*

- **Corrigé**

1. Allen Cutler, his colleague at Whatley's.
2. He is thirty-nine.
3. No. He recognized her at once, despite the harsh photo of her in the newspaper.

4. Far from it. Her smile was hesitant, and she said: "I've been more relaxed having a tooth pulled", and: "I just can't help being a bit nervous."
5. No, as far as Don knew, Cutler had never been in any trouble.
6. Because the robber didn't wear glasses.
7. They were thick-lensed glasses with a heavy black frame.
8. No. Most people would have failed to note the resemblance. Don noticed it because he had once been an artist.

Extrait n° 3, p. 136, 138, 140.

He picked up the weapon and held it carelessly canted toward my chest. "I don't know why, Don," he said, "but of late I've had the feeling that you've become hostile toward me."

"Not at all," I said hastily, forcing my eyes away from the gun as if ignoring it would render it harmless. "I can't imagine how you got that impression, Allen."

"I always thought that we were rather good friends," he continued, leaning back in his chair and raising the barrel of the .45 slightly. "But now —"

"Nonsense!" I interrupted. "We *are* good friends, Allen. You mustn't assume, you mustn't jump to false conclusions just because —"

"I have no conclusions, only intuitions," he snapped. He leaned forward suddenly and decisively, leveling the gun at my head. "And these intuitions tell me that you're an enemy, a dangerous threat to my future."

He thumbed back the hammer, cocking the gun with a snick of sound that caused a centipede of fear to scramble up my back.

"Put down that gun, Allen, and let's talk calmly!" I said in a voice that was anything but calm. "Now, listen, Allen, I was only curious, playing a little game. I never intended to turn you in, you know."

"Turn me in?" he mocked. "What does that mean, turn me in? For what? And who were you going to turn me in to? Whatley?" He laughed bitterly, lips sneeringly twisted as his finger took up slack in the trigger.

"It doesn't matter, I wouldn't believe you, anyway," he said as I groped for an answer.

He extended his arm, and the malevolent maw of the gun seemed about to swallow me. One eye closed wickedly behind the glasses, the other sighted.

Then he pulled the trigger.

The hammer fell, there was a spurt of flame. It came not from the barrel but from the bullet chamber, which had sprung open with a muted snap. Whereupon, using his other hand, Allen Cutler delivered a cigarette to his mouth and gave it fire from the narrow butane jet of his .45 caliber cigarette lighter.

Again he pulled the trigger, and the flame vanished. He placed the fake gun on the desk and leaned back, crossing his arms. His spreading grin became a snicker, a chuckle, a laugh. The laugh rose and fell, sputtered, began again, diminished convulsively, died with a gurgle.

Allen removed his glasses and peered at me through tears of mirth. Perhaps it was only the wash of my relief, but at that moment I could not see his resemblance to the composite bank robber. He was just an adult kid with a perverse sense of humor.

- **Questions**

1. *Was the .45 a real gun ?*
2. *Why was Don finally relieved ?*
3. *What did Allen's intuitions tell him ?*
4. *Who might Don have turned Allen in to ?*
5. *What happened when Allen pulled the trigger a second time ?*
6. *At the end of the scene, did Don still see any resemblance between Allen and the composite bank robber ?*

- **Corrigé**

1. No. It was a fake gun. It actually was a cigarette lighter.

2. Because he had thought Allen wanted to kill him, and he now realized it was just a joke.
3. That Don was an enemy, a dangerous threat to his future.
4. To the police.
5. The flame vanished.
6. No. To him, he was just an adult kid with a perverse sense of humor.

EGO BOOST

Extrait n° 1, p. 164, 166.

Police Lieutenant DeWitt called me shortly after 8:00 p.m. "Dr. Harper," he said, "I have a customer for you. Picked him off the bridge about a half hour ago. Are you interested ?"

Bridge ? Then I suddenly remembered one of the things we had been discussing when we had last met. "Oh, sure !" I said. "Of course I'm interested ! Tonight ?"

"Either that," came the lieutenant's voice, "or I'll have to book him and lock him up till morning. That could make matters worse, you know."

"Definitely !" I agreed. "Better bring him right over."

"I haven't been able to find out much about him," the lieutenant continued, "but I'll give you what I learned so you'll have something to go on. Thirty-five years of age, an accountant, married, no children, lives in the suburbs, won't give us any reason for his attempt to jump from the bridge. Guess that's it."

"Good enough," I said. "I'll be waiting."

After replacing the telephone, I leaned back in my chair for a moment of reflection. The rate of suicides and attempted suicides had been climbing steadily during the past year. For some reason, a leap from the railing of the high bridge seemed to be the favorite method for ending it all, perhaps because once the leap was made, the point of no return would be reached immediately, and if the person changed his mind on the way down, there was nothing he could do about it. Also, it wasn't messy.

- **Questions**

1. At what time did the police lieutenant call the author ?
2. How old was the man who had attempted to commit suicide ?
3. Where did he live ?
4. What was his job ?
5. How many children did he have ?
6. Were suicides becoming less or more frequent ?
7. What seemed to be the favorite method for ending it all ?
8. What had the lieutenant and the Doctor probably discussed when they had last met ?

- **Corrigé**

1. Shortly after 8 p.m.
2. He was thirty five (years of age).
3. In the suburbs.
4. He was an accountant.
5. He had no children.
6. More frequent. The rate of suicides and attempted suicides had been climbing steadily during the past year.
7. A leap from the railing of the high bridge.
8. Suicides and attempted suicides.

Extrait n° 2, p. 178, 180, 182.

After cradling the phone, I picked up my book and resumed reading where I had left off earlier. I must have read for a full two hours and was considering going to bed when the phone came suddenly to life. I scooped it up. "Dr. Harper here," I said.

"You may have given your patient too much of an ego boost." It was the voice of Lieutenant DeWitt. "Or too much liquor. Or both."

"Why ?" I gasped. "Surely Brunell didn't go back to the bridge and jump ?"

"We don't know yet. We can't find him. We've been searching for him everywhere, including the river, for the past hour."

"I don't understand..."

"The manager of a motel at the edge of town reported hearing shots in one of his units a little more than an hour ago. When we investigated, we found the bullet-riddled body of Mrs. Brunell, along with the mutilated body of what had obviously been her boy friend. Naturally, we're looking for Brunell."

That revelation left me stunned for a moment. Then I suddenly remembered what Brunell had said about having cashed in all his assets, and the answer became crystal clear. "Well, you needn't search in the river anymore," I said. "Right now, Brunell is undoubtedly on his way to parts unknown with his life's savings in his pocket."

"Thanks a lot !" There was a sharp click as DeWitt broke the connection.

I gazed thoughtfully at the silent telephone for a moment or two. Well, my psychological approach to the patient's difficulties had not been a *total* failure, I reasoned. Brunell, it seemed, had at least solved a couple of his problems in a very direct and decisive manner, as it were.

- **Questions**

1. What did Harper do after cradling the phone ?
2. How long had Harper been reading when the phone rang ?
3. What was he about to do ?
4. Why did the police go to the motel ?
5. What did they find there ?
6. *Can you explain the sentence : "Brunell, it seemed, had at least solved a couple of his problems."*

- **Corrigé**

1. He picked up his book and resumed reading where he had left off.
2. He must have read for a full two hours.
3. He was considering going to bed.
4. Because the manager had reported hearing shots in one of his units.
5. The bullet-riddled body of Mrs. Brunell, along with the mutilated body of her boy friend.
6. He had solved two of his problems — his wife and her boy friend — in killing the couple.

Idiomes et expressions utiles

Pour être sûr(e) de bien employer ces expressions, dont certaines sont très familières, consultez la traduction et les notes.

A

about : I was about to say that, **120** ; what about it ? **124.**
advice : asking my advice, **156** ; I thought I'd ask your advice, **34.**
afraid : I'm afraid so, **120.**
all right : I can be scared when I have to, all right, **18** ; you'll get through all right, **72** ; you sure he'll be all right ? **178.**
answer (to) : to answer the phone, **54.**
anything else ? : **126.**
appreciate (to) : I do appreciate your help, **114.**
arm : right arm, **136.**
ask (to) : asking my advice, **156** ; I asked if she'd like a drink, **114** ; I just asked, **28** ; I thought I'd ask your advice, **34** ; she asked me to drop by her apartment, **150** ; you're just asking for trouble, **44.**
as it were : **166.**
awfully : I was awfully frightened, **124.**

B

back : I'll be right back, **168.**
bad : it was too bad, **54.**
basis : on a first-name basis, **118.**
be (to) : I've only been with them a little over three months, **120.** How much four and three is, **68.**
bet (to) : wanna bet ! **102.**
bill : pay the bill, **36.**
binge : to go on a binge, **172.**
bird : bird of the same feather, **110.**
break : we were bound to get some kind of break, **132.**
breath : he took a very deep breath, **90.**
broke : I was so broke, **34.**

C

call (to) : call me the minute you have news, **130** ; I called for the check, **122** ; I'll call him first thing tomorrow, **160** ; I've been meaning to call you, **150** ; called in sick, **54.**

care (to) : a definite problem that you would care to discuss with me, **176** ; do you care to tell me about it ? **170** ; he doesn't care, **16** ; would you care to join up, **136**.
catch up (to) : I often stayed overtime to catch up, **132**.
cautious : I'm just being cautious, **130**.
change : keep the change, **36** ; with my change, **14**.
check : I called for the check, **122** ; he paid his check, **86**.
check (to) : check the oil, **12**.
checkup : he had had a physical checkup recently, **76**.
clever : how clever, **116**.
clumsy : how clumsy of me, **122**.
come (to) : come down to the office, **30** ; come on, let's get it out of your system, **92** ; you coming ? **102**.
comfortable : make yourself comfortable, **168**.
crazy : crazy old guy, **46** ; crazy old tramp, **44**.
conclusions : you mustn't jump to false conclusions, **138**.

D

day : in the next day or so, **132**.
deal : I closed a deal, **134**.
dial (to) : to dial a number, **54**.
difference : it didn't make any difference to him, **16** ; what's the difference ? **102**.
do (to) : I shouldn't have done it, **34** ; it wouldn't do, **28** ; I was doing about eighty, **10** ; nothing you can do about it now, **42**.
drink : I asked if she'd like a drink, **114** ; you can have a drink, **40**.
drop (to) : she asked me to drop by her apartment, **150** ; why don't you drop me a letter ? **30**.

E

expect (to) : I never expected that you would ask me to... **118**.

F

face : the straightest face I could muster, **136**.
face (to) : let's face it, **26**.
feature : double feature, **66**.
feel (to) : feel better ? **96** ; feeling better, **54** ; how's it feel ? **24** ; not feeling well, **54** ; I wonder how he feels right now, **38**.
feeling : I've had the feeling that..., **138**.
ferret out (to) : to ferret out the underlying cause, **166**.

figure (to) : how do you figure that, **16** ; it figured, **172**.
flip (to) : flip their lid, **172**.
fool (to) : don't let that fool you, **114**.
fun : have fun, **40** ; I hope you had fun, **18**.
funny : it was just plain funny, **156**.

G

gambler : I'm not much of a gambler, **136**.
gas : low on gas, **12**.
get (to) : get off at..., **40** ; he might get away with it, **56** ; I don't get it, **46** ; I don't get you, **32** ; I just don't get it, **46**. I got two customers writing applications, **104** ; I'm getting too good at it, **94** ; I've just got to do something, **40** ; let's get back to the man, **126** ; let's get it out of your system, **92** ; now what have you got for us, **60** ; they'll never get him, **16** ; this is getting too easy, **94** ; to get some kind of break, **132** ; we get this all the time, **72** ; where did you get the ice-pick ? **92** ; you get to like it, **16** ; you'll get through all right, **72** ; you got anything to say about that, **16** ; you got a radio, **14** ; you gotta admit, **156** ; you got the right idea, **14** ; you've got the wrong man, **116**, etc.
glad : glad to hear it, **26**.
go (to) : can't we go someplace ? **30** ; go on, she said with a giggle, **114** ; I went off my head, **36** ; to go ahead with her vacation, **132** ; to go on a binge, **172** ; to go out on a limb, **112**.
good : good enough, **164** ; I'm getting too good at it, **94** ; make good his escape, **24**.
guess (to) : guess maybe you're right, **40** ; guess that's it, **164** ; I guess almost everybody has, **14** ; I guess you are right, **176** ; I guess you heard the news, **134**.
guilty : guilty as sin, **26, 160**.
guy : a guy can take just so much, **12** ; crazy old guy, **46**.

H

hand : a bad joke that got out of hand, **158** ; shook hands with him, **82** ; we shook hands across the desk, **102**.
happen (to) : it happened that way, **62**.
happy : I am happy to report that..., **178**.
harm : no harm, **122**.
head : I went off my head, **36** ; until we had put our heads together, **112**.
help : I do appreciate your help, **114**.

help (to) : I just can't help being a bit nervous, **114** ; that didn't help, **80**.

hold (to) : you're not holding that against me ? **28**.

honest to God : **30**.

how : how about five thousand ? **142** ; how clever, **116** ; how clumsy of me, **122** ; how's it feel ? **24** ; how much is four and three ? **70** ; how nice, **150**.

I

in : I'll be in as soon as I can, **90** ; I won't be in today, **54** ; he had never called in sick, **54** ; we are in for trouble, **174**.

interested : are you interested ? **164**.

J

job : he has a responsible job, **114**.

joke : a bad joke that got out of hand, **158** ; it all started as a joke, **152**.

join (to) : why don't you join us ? **120** ; would you care to join up, **136**.

jump (to) : you mustn't jump to false conclusions, **138**.

jumpy : we're jumpy tonight, **38**.

just : a guy can take just so much, **12** ; he just was not the type, **172** ; I just asked, **28** ; I just can't help being a bit nervous, **114** ; I just don't get it, **46, 134** ; I'm just being cautious, **130** ; it was just plain funny, **156** ; I've just got to do something, **40** ; just consider it a bad joke that got out of hand, **158** ; just for laughs, **122** ; just wait till you hear, **152** ; you're just asking for trouble, **44**.

K

kid (to) : you must be kidding, **136**.

kind of : I'm kind of rushed right now, **30**.

know (to) : (as) far as I know, **114** ; he knew for a fact that..., **56** ; I'd know him any place, **46** ; no one he knew, **52** ; when you're ready, let me know, **142** ; you know how women are, **34** ; you know that as well as I do, **28**.

L

late : I'll be late today, an hour or so, **90** ; in his late thirties, **110** ; of late, **138**.

laugh (to) : we were laughing ourselves sick, **156**.

leave off (to) : resumed reading where I had left off, **180**.

leg : wasn't pulling your leg, **142**.

lid : flip their lid, **172**.
light : see things in a different light, **176**.
like (to) : I'd like to see you right now, **38** ; if she'd like a drink, **114** ; you get to like it, **16**.
limb : to go out on a limb, **112**.
live : do you live in town, **120**.
look : take a look at this, **158**.
look (to) : he looked about seventeen, **10** ; look who's here ! **92**.
look like (to) : everybody knows what he looks like, **16**.
look up (to) : he had to look up its address in the telephone directory, **58**.
loss : I'm at a loss to know why, **120**.
love : love at first sight, **158**.
low : low on gas, **12**.
luck : no luck, **148**.
lunch : over lunch, **134**.

M

make (to) : make yourself comfortable, **168** ; that makes it easier, **82** ; you can make it, **40**.
matter (to) : it doesn't matter any more, **160**.
matters : that could make matters worse, **164**.
mean (to) : I mean, I was awfully frightened, **124** ; I've been meaning to call you, **150** ; she meant trouble, **36** ; you don't really mean that, **24**.
mind : it was clear in his mind, **80** ; changed his mind, **166**.
minute : call me the minute you have news, **130**. Just minutes after the late editions, **84**.

N

name : on a first-name basis, **118**.
nervous : I just can't help being a bit nervous, **114**.
news : call me the minute you have news, **130** ; I guess you heard the news, **134** ; what news ? **134**.
nice : how nice, **150**.
nuisance : they're a damn nuisance, **122**.

O

overtime : I often stayed overtime to catch up, **132**.

P

pick up (to) : do you want me to pick him up ? **178** ; I picked up my book, **180** ; you weren't afraid to pick me up, **16**.
place : can't we go someplace ? **30** ; I'd know him any place, **46**.
plain : it was just plain funny, **156**.
point : that's the point, **34**.
predicament : in his predicament, **46**.
pressure : relieve the pressure, **172**.
problem : it seems that we have a bit of a problem, **170** ; it was no problem at all, **82**.
pros and cons : le pour et le contre, **156**.
purpose : d'you suppose he did it on purpose ? **124**.

R

radio : I heard it on the radio, **26** ; over the radio, **16**.
ready : when you're ready, let me know, **142**.
record : on record, **132**.
report (to) : I am happy to report that..., **178**.
responsible : he has a responsible job, **114**.
resume (to) : resumed reading where I had left off, **180**.
right : I guess you are right, **176** ; I'll be right back, **168** ; right now, **30, 38**.
ring (to) : to ring off, **54**.
run (to) : he had been running a fever, **54** ; we'd better run, **122**.
rushed : I'm kind of rushed right now, **30**.

S

scare (to) : I can be scared when I have to, **18**.
see (to) : I'd like to see you right now, **38** ; the only time I can see him is now, **40**.
serious : it's nothing serious ? **90**.
show out (to) : while I show... out, **168**.
sick : we were laughing ourselves sick, **156** ; to call in sick, **54**.
simply : he was simply wretched, **152**.
sin : guilty as sin, **26, 160**.
slow down (to) : what are you slowing down for ? **12**.
smart : he is too smart for that, **16**.
son of a gun : you poor son of a gun, **96**.
sorry : I'm sorry about this, **40** ; sorry about..., **114** ; sorry, how clumsy of me, **122**.

stand (to) : don't just stand there, **100** ; where you stand legally, **38**.
start (to) : it all started as a joke, **152**.
straight : the straightest face I could muster, **136**.
strain : I'm cracking under the strain, **130** ; the strain is beginning to wear me down, **122**.
straw : the final straw that broke the camel's back, **176**.
sure : you sure he'll be all right, **178**.
system : let's get it out of your system, **92**.

T

talk (to) : can I talk to you a minute ? **30** ; talk sense, **32** ; talk things over, **40** ; what are you talking about ? **34**.
tank : fill the tank, **12**.
tell (to) : do you care to tell me about it ? **170** ; tell you what, **160** ; I told you that again and again, **38**.
thing : first thing tomorrow, **160** ; see things in a different light, **176**.
think (to) : I been thinking it over, **38** ; I thought I'd ask your advice, **34** ; what do you think, **124**.
time : I had an awful time, **32** ; now was the time, **176** ; the only time I can see him is now, **40** ; the second time around, **112**.
tooth : having a tooth pulled, **114**.
town : do you live in town ? **120** ; I've been out of town, **32** ; I'm way downtown, **40** ; he took a train uptown, **86**.
trouble : He's never been in any trouble, **114** ; she meant trouble, **36** ; we are in for trouble, **174** ; you're just asking for trouble, **44**.

V

volunteer (to) : I had volunteered my services, **168**.

W

wait (to) : I'll be waiting, **164** ; just wait till you hear ! **152**.
wonder (to) : did you ever wonder…, **10** ; I wonder how he feels right now, **38**.
word : say the word, **142**.
worries : your worries are over, **42**.
worry (to) : don't worry about it, **72**.
wretched : he was simply wretched, **152**.
wrong : what was wrong with him ? **54** ; you've got the wrong man, **116**.

BIOGRAPHIE ET FILMOGRAPHIE D'ALFRED HITCHCOCK

— Né le 13 août 1899 à Londres.
— Études chez les jésuites, puis dans une école d'ingénieurs.
— Suit des cours du soir et devient dessinateur de maquettes d'affiches dans une agence de publicité.
— Dessinateur d'annonces publicitaires à la Compagnie Télégraphique W.T. Henley.

1920 : chef de la section "Titrage" de la Famous-Players-Lasky, filiale de la Paramount à Londres.
1922 : aide à terminer un film en l'absence du metteur en scène initial.
1922-1925 : participe pour une nouvelle compagnie de production à la direction artistique et à la mise en scène de plusieurs films (*Woman to Woman, The Prude's Fall, The White Shadow, The Passionate Adventure, The Blackguard*).
1925-1926 : metteur en scène de deux films : *The Pleasure Garden, The Mountain Eagle.*

1926-1939 : LA PÉRIODE ANGLAISE (sélection)

- **Films muets**

1926 : *The Lodger* (Les Cheveux d'or), considéré par Hitchcock comme son véritable premier film.
1927 : *The Ring* (Le Masque de cuir).
1928 : *The Farmer's Wife* (Laquelle des trois).
1929 : *The Manxman.*

- **Films parlants**

1929 : *Blackmail* (Chantage).
1930 : *Murder* (Meurtres).
1932 : *Rich and Strange* (A l'est de Shanghai).
1934 : *The Man who knew too much* (L'homme qui en savait trop).
1935 : *The Thirty Nine Steps* (Les 39 marches).
1936 : *The Secret Agent* (Quatre de l'espionnage).
1936 : *Sabotage* (Agent secret).
1937 : *Young and Innocent* (Jeune et innocent).
1938 : *The Lady Vanishes* (Une femme disparaît).
1939 : *Jamaïca Inn* (La taverne de la Jamaïque).

1940-1976 : LA PÉRIODE AMÉRICAINE

- **1940 :** *Rebecca.*
- **1940 :** *Foreign Correspondent* (Correspondant 17).
- **1941 :** *Mr. and Mrs. Smith* (Joies matrimoniales).
  Suspicion (Soupçons).
- **1942 :** *Saboteur* (5ᵉ colonne).
- **1943 :** *Shadow of a Doubt* (L'Ombre d'un doute).
  Lifeboat.
- **1945 :** *Spellbound* (La maison du docteur Edwards).
- **1946 :** *Notorious* (Les enchaînés).
- **1947 :** *The Paradine Case* (Le procès Paradine).
- **1948 :** *Rope* (La corde).
- **1949 :** *Under Capricorn* (Les amants du Capricorne).
- **1950 :** *Stage Fright* (Le grand alibi).
- **1951 :** *Strangers on a Train* (L'inconnu du Nord-Express).
- **1952 :** *I Confess* (La loi du silence).
- **1953 :** *Dial M for Murder* (Le crime était presque parfait).
- **1954 :** *Rear Window* (Fenêtre sur cour).
- **1955 :** *To Catch a Thief* (La main au collet).
  The Trouble with Harry (Mais qui a tué Harry ?).

• De 1955 à 1962, Hitchcock tourne vingt courts métrages pour la télévision.

- **1956 :** *The Man who Knew too Much* (L'homme qui en savait trop), *remake* de la version de 1934.
  The Wrong Man (le Faux coupable).
- **1958 :** *Vertigo* (Sueurs froides).
- **1959 :** *North by Northwest* (La mort aux trousses).
- **1960 :** *Psycho* (Psychose).
- **1963 :** *The Birds* (Les oiseaux).
- **1964 :** *Marnie* (Pas de printemps pour Marnie).
- **1966 :** *Torn Curtain* (Le rideau déchiré).
- **1969 :** *Topaz* (L'étau).
- **1972 :** *Frenzy.*
- **1976 :** *Family Plot* (Complot de famille).

Alfred Hitchcock s'éteint à Los Angeles, le 9 avril 1980, à l'âge de 80 ans.

IMPRIMÉ EN FRANCE PAR BRODARD ET TAUPIN
Usine de La Flèche (Sarthe), le 20-05-1987.
6095-5 - N° d'Éditeur 2422, mai 1987.

PRESSES POCKET - 8, rue Garancière - 75006 Paris
Tél. 46.34.12.80

Série « Bilingue »

ANGLAIS-AMÉRICAIN

CONAN DOYLE (Nouvelles) Vol. 1

"Sherlock Holmes enquête"
The Boscombe valley mystery - The five orange pips - The veiled lodger

D.H. LAWRENCE (Nouvelles)

Traduction et notes par Pierre Nordon
Professeur à la Sorbonne

"None of that, The rocking-horse winner, Sun"

NOUVELLES ANGLAISES & AMÉRICAINES Vol. 1

Traduction et notes par Henri Yvinec
Agrégé de l'Université

R. Dahl, Scott Fitzgerald, S. Maugham, O. Henry, E. Waugh, Jim Phelan, O. Sitwell, E. Taylor, P. Highsmith

NOUVELLES ANGLAISES & AMÉRICAINES Vol. 2

Traduction et notes par Henri Yvinec
Agrégé de l'Université

H.E. Bates, M. Bowen, T. Capote, D. Thomas, Saki, L. O'Flaherty, J. Thurber, E. Hemingway, R. Bradbury

MEET THE AMERICAN PRESS

Traduction et notes par Lionel Dahan
Professeur à l'Ecole Supérieur de Commerce de Paris

« L'Amérique d'aujourd'hui à travers sa presse »

De Newsweek au Los Angeles Times...

ANGLAIS-AMÉRICAIN (Suite)

OSCAR WILDE
(The Importance of being earnest)

Traduction et notes par Gérard Hardin
Agrégé d'anglais

« Il importe d'être constant »

SOMERSET MAUGHAM (Nouvelles)

Traduction et notes par Pierre Nordon
Professeur à la Sorbonne

French Joe, German Harry, The Four Dutchmen, Mayhew, The back of beyond, The end of the flight

R. KIPLING (The Jungle Book)

Traduction et notes par Magali Merle
Agrégée d'anglais

« Le Livre de la Jungle » (Extraits) : How fear came, The undertakers, Rikki-tikki-tavi

R. KIPLING (Nouvelles)

Traduction et notes par Bernard Dhuicq
Maître-assistant à l'Université de Paris III

The strange ride of Morrowbie Jukes, A conference of The Powers, The lost Legion

WEIRD TALES BY GREAT MASTERS

Traduction et notes par Jean-Marc Lofficier
« Les Grands Maîtres de l'Insolite »

W. Irving, E. Poe, A. Bierce, W.H. Hodgson, Lovecraft.

A. HITCHCOCK PRESENTE...

Traduction et notes par Michel Marcheteau
Agrégé de l'Université

« Jack Ritchie, Henry Slesar, Lawrence Block, Robert Colby, Richard O'Lewis »

G. GREENE (Nouvelles)

Traduction et notes par Henri Yvinec
Agrégé de l'Université

« Two gentle people, The destructors, The blue film, Special duties, The Innocent »

H. JAMES (The Turn of the Screw)

Traduction et notes par Monique Nemer
Agrégée de l'Université
Maître-assistante à l'Université de Caen

« Le Tour d'Écrou »

K. MANSFIELD (The Aloe)

Traduction et notes par Magali Merle
Agrégée de l'Université

« L'Aloes »

P. HIGHSMITH (Nouvelles) Vol. 1

Traduction et notes par Myriam Sarfati

« The stuff of madness - The perfect alibi - Homebodies »

CONAN DOYLE (Nouvelles) Vol. 2

Traduction et notes par Frédérique Coste

- « Silver Blaze »
- « The Three Garridebs »
- « His last bow »

NOUVELLES AMÉRICAINES CLASSIQUES

Traduction et notes par Pierre Morel
Professeur à l'École Supérieure de Commerce de Paris

M. Twain, S. Crane, E. Hemingway, E. Caldwell, J. O'Hara, B. Hart

P. HIGHSMITH (Nouvelles) Vol. 2

Traduction et notes par Gérard Hardin
Agrégé d'anglais

« Notes from a respectable cockroach
Harry a ferret, The quest for Blank Claverigi,
Hamsters vs. Websters, The empty birdhouse »

CONAN DOYLE (Nouvelles) Vol. 3

Traduction et notes par G. Hermet
Agrégé d'anglais

- « The adventure of the Speckled Band »
- « The Gloria Scott »
- « The Three Students »

LEWIS CARROLL (Alice in Wonderland)

Traduction et notes par Jean-Pierre Berman
Assistant à l'Université de Paris IV Sorbonne

« Alice au Pays des Merveilles »